LES PIEDS DES ANGES

Evelyne de la Chenelière

LES PIEDS DES ANGES

ou

De l'inquiétude existentielle
à travers la représentation des anges,
et de l'apparition de leurs pieds
dans l'art de la Renaissance

théâtre

LEMÉAC

Photographie de la couverture : © Daniel Brière

Leméac Éditeur remercie le ministère du Patrimoine canadien, le Conseil des arts du Canada, la Société de développement des entreprises culturelles du Québec (SODEC) et le Programme de crédit d'impôt pour l'édition de livres du Québec (Gestion SODEC) du soutien accordé à son programme de publication.

ISBN 978-2-7609-0407-1

Imprimé au Canada

CRÉATION ET DISTRIBUTION

Cette pièce a été créée à Montréal le 31 mars 2009 et produite par l'ESPACE GO dans une mise en scène d'Alice Ronfard.

Comédiens :
Enrica Boucher, Sophie Cadieux, Mireille Deyglun, Diane Lavallée, Hubert Proulx, André Robitaille, Isabelle Roy, Mani Soleymanlou, Erwin Weche

Assistance à la mise en scène et régie : Guillaume Cyr
Décor : Gabriel Tsampalieros
Costumes : Maryse Bienvenu
Lumières : Caroline Ross
Musique : Simon Carpentier
Vidéo : Yves Labelle
Maquillages : Jacques-Lee Pelletier

PERSONNAGES

Marie, personnage incarné par
deux comédiennes, (S) et (E)

Romain, ami de Marie

Paul, frère de Marie

Monique, mère de Marie

Charles, père de Marie

Karine, demi-sœur de Marie
(fille de Charles, d'un premier mariage)

Suzanne, sœur de Charles

Jean-Pierre, chum de Suzanne

Médecin, femme voilée

L'Œil, une caméra

Chœur, groupe variable en nombre selon les scènes

N.B. : Je crois que le chœur est toujours sur scène, et que les personnages s'en détachent selon les différentes scènes. Ainsi, le chœur est autant le cours de salsa, le salon funéraire, le plateau de tournage, etc. Il représente la voix commune, tant dans la bonne volonté que dans la mesquinerie.

Paul est une sorte d'ange, une apparition, tantôt visible tantôt invisible, mais de toute façon omniprésent.

MARIE (E), *au micro. Elle tient une feuille, elle est très nerveuse, elle tremble, elle manque de salive.* Pour commencer, permettez-moi d'abord de vous remercier, mesdames et messieurs les membres du jury, pour votre lecture, votre attention et vos remarques. J'aimerais exprimer ma gratitude et mon affection à tous ceux et celles qui m'ont fait l'amitié de venir aujourd'hui partager avec moi les derniers moments de ma vie d'étudiante. Je veux dire, officiellement.

Elle reprend son souffle, tousse, avale, tente de se mettre à l'aise.

Il y aurait mille façons d'aborder la Renaissance, cette révolution de tous les sens, cette conjugaison de tous les savoirs, tant ses effets font partie intégrante de nos vies, de nos perceptions, de nos manifestations. Nous avons dû, au fil de nos recherches, aller d'un renoncement à l'autre devant l'impossibilité d'englober tout ce qui nous paraissait considérable et fondateur et éclairant. Il nous aura fallu extraire un tout petit aspect de cet incommensurable bouleversement pour tenter de cerner, du moins en partie, ce qui, à partir de la Renaissance, allait teinter à tout jamais le rapport de l'homme à son existence. Parce que, si la Renaissance est d'abord la période des grandes explorations, de la divulgation des savoirs et de la fin de l'obscurantisme, elle est aussi, paradoxalement, une période de désenchantement qui fait écho aux premières valeurs humanistes, parce que cette nouvelle fascination pour soi, un soi créateur,

7

certes, mais aussi mortel et limité, est forcément un culte teinté de mélancolie. Cette adoration de l'homme par l'homme, à l'origine des premiers autoportraits et des premières biographies d'artistes, résonne aujourd'hui plus que jamais à l'ère de la glorification démesurée du genre humain, indépendamment de ses réalisations ou de ses exploits. Ainsi, nous avons choisi de nous concentrer sur une manifestation précise de l'humanisation systématique, dans l'art de la Renaissance, parmi ce que nous conviendrons d'appeler l'«archéologie de l'image» ou, plus exactement, l'«archéologie de la représentation».

Mais avant d'aller plus loin, nous nous permettrons de dévoiler la source de notre intérêt pour ce détail, source qui, bien qu'assez intime, présente, au-delà de son caractère personnel, une analogie essentielle avec la thèse que nous… soutenons. Que nous soutenons.

On sent qu'elle quitte ce qu'elle avait préparé, elle détache les yeux de sa feuille…

MARIE (S). Pourtant, j'avais changé d'avis, je veux dire, je… je voulais plus vraiment être ici, parler, vous intéresser, soutenir, ça me semblait au-dessus de mes forces il y a cinq minutes encore, je préfère vous le dire, c'est rien contre vous, mais la vérité c'est que je supporte très mal votre regard sur moi, là, tout de suite, ça me… mais je sais que vous jouez votre rôle, c'est exactement ce qui est prévu, que vous me regardiez et m'écoutiez, mais justement, cette convention qui nous oblige… qui nous impose… me… mais je vais continuer, évidemment, pas de panique, je vais y arriver… mais je tenais quand même à partager ça… mettre les choses au clair, mais… je continue, bien sûr. C'est-à-dire je commence.

Depuis la mort de mon frère, alors que j'étais encore une enfant, j'ai développé une fascination pour les anges. J'étais persuadée que mon frère était lui-même devenu un ange. L'idée me rassurait. J'ai alors décidé de collectionner les anges. J'ai accumulé des dizaines d'affreux bibelots de chérubins, d'archanges, de séraphins, et puis, au fil du raffinement de mon jugement esthétique, j'ai fini par me détourner de ma collection et je me suis intéressée à la représentation des anges dans la peinture.

MARIE (E). (…) jeune étudiante en Histoire de l'art, nos recherches nous mènent alors à la peinture de Giotto. Nous constatons que ses anges sont presque des troncs volants, leurs pieds sont estompés, parfois jusqu'aux genoux, ou alors cachés par une longue robe se terminant elle-même en lambeaux, comme déchirée par un coup de dent, ou comme en flammes, et nous nous demandons pourquoi les anges sont ainsi dépourvus de pieds et, surtout, qui les a voilés, arrachés, brûlés, dévorés.

La mort du cygne

Dans un cercueil ouvert, un jeune homme (mort).
Derrière le cercueil, un écran géant.
Sur l'écran géant est projetée Anna Pavlova qui danse La mort du cygne.
Le jeune homme se lève péniblement et sort de son cercueil. Il se met face à l'écran, donc dos au public, et tente de faire les mêmes mouvements qu'Anna Pavlova. Marie (S) et sa mère ne voient pas le jeune homme. Elles font face au public et font comme si elles regardaient la projection. Tout en se parlant, elles ne lâchent jamais la projection des yeux.

MONIQUE. «… Un message de beauté et de joie de vie.» Elle l'a dit elle-même, Anna Pavlova : «La danse comme message de beauté et de joie de vie.» Hein?

MARIE (S). Oui, maman.

MONIQUE. On dirait qu'elle flotte, qu'elle vole. Tu trouves pas?

MARIE (S). Oui, je trouve.

MONIQUE. On dirait qu'elle est… suspendue.

MARIE (S). Pendue?

MONIQUE. Non. Pas pendue. Suspendue.

MARIE (S). Ah.

MONIQUE. Comme si elle était… aérienne… immatérielle. Elle est tellement légère qu'on dirait qu'elle a pas de pieds. Comme un ange.

MARIE (S). Les anges ont pas de pieds?

MONIQUE. Je sais pas. Je pense pas.

MARIE (S). …

MONIQUE. Marie?

MARIE (S). Quoi?

MONIQUE. Est-ce que ça te fait ça, à toi?

MARIE (S). De quoi?

MONIQUE. Quand tu la regardes.

MARIE (S). Si ça me fait quoi?

MONIQUE. Comme si… comme si tu devenais… saturée, pleine, comme si t'avais tellement de beauté d'un seul coup qui te rentrait par les yeux, tellement de… grâce, que t'es certaine que tu vas devenir une meilleure personne, tu te dis : C'est trop beau, c'est pas possible que ça ait pas d'impact sur moi, toute cette beauté, c'est pas possible que ça me transforme pas, je suis sûrement en train d'être touchée par la grâce, je suis forcément en train d'être transformée radicalement, je suis forcément en train de devenir irrémédiablement *autre chose*, et donc sans doute une meilleure personne, pour toujours.

MARIE (S). Non. Ça me fait pas ça.

Temps où la mère regarde le cercueil (comme si le jeune homme y était toujours).

MARIE (S). Maman?

MONIQUE. Oui?

MARIE (S). Si les anges ont pas de pieds, ça veut dire que Paul a plus de pieds?

MONIQUE. Oui, oui, il a encore ses pieds, Paul.

MARIE (S). Mais tu m'as dit qu'il est devenu un ange, et les anges ont pas de pieds, tu m'as dit. Alors Paul a pas de pieds?

MONIQUE. Paul a des pieds. C'est un ange spécial, O.K.?

Marie observe le cercueil, où les pieds de Paul sont cachés.
La danse est terminée, le jeune homme se recouche dans le cercueil tandis que tout un groupe se joint aux deux femmes.
Ils offrent leurs condoléances, s'embrassent, se serrent dans les bras, déposent des bouquets de fleurs, etc.

Le salon funéraire

CHŒUR A.
 1. Il est beau.
 2. Ils l'ont fait beau.
 3. Courage.
 4. Ça va vous prendre du courage.

5. On est venu vous donner du courage.
6. On n'a pas su voir.
7. On voit pas quand c'est trop proche.
8. On voit pas.
9. Les appels au secours, on les entend pas.
10. C'est pas de votre faute.
11. C'est la faute à personne.
12. Il faut pas chercher la faute.
13. Quand on finit par voir, c'est trop tard.
14. Le bon Dieu va l'accueillir.
15. Je crois pas en Dieu, mais il va l'accueillir pareil.
16. C'est dans ce temps-là qu'on aurait le goût de croire en Dieu.
17. Il va vivre dans notre mémoire.
18. On l'oubliera jamais.
19. La mémoire, les souvenirs.
20. Il sera là pour toujours.
21. Vous avez bien fait de l'exposer.
22. C'est important pour le deuil.
23. C'est bien, d'exposer.
24. Il faut voir.
25. Au début, ça fait peur, on se dit je veux pas voir ça, mais c'est important de regarder.
26. Il faut regarder.
27. Moi, je l'ai regardé.
28. Courage.
29. On est avec vous.
30. Et puis il y a les filles.
31. Il y a les filles.
32. C'est vrai, il y a Karine et Marie.
33. Surtout Marie.
34. Heureusement qu'il y a les filles.
35. Elle dit que son frère est devenu un ange? C'est *cute. (À quelqu'un d'autre :)* Marie dit que son frère est devenu un ange.
36. Les enfants, c'est faite fort.

37. C'est faite fort.
38. C'est la vie qui continue.
39. Les enfants, c'est la vie.
40. La vie qui continue.
41. C'est une bonne idée, la vidéo. La vidéo de ballet classique.
42. Il aurait aimé ça, la vidéo de ballet classique.
43. C'était sa danse préférée, *La mort du cygne.*
44. C'est vrai que c'est beau, *La mort du cygne.*
45. C'est bien, maintenant, on peut faire ce qu'on veut au salon.
46. On peut faire ce qu'on veut.
47. Chacun selon ses croyances, ses champs d'intérêt.
48. On peut vraiment faire ce qu'on veut.
49. C'est personnel, maintenant, les salons.
50. C'est personnalisé.
51. Avant, c'était pareil pour tout le monde, maintenant c'est personnalisé.
52. On peut même prendre un cappuccino.
53. C'est mieux maintenant.
54. Avant, c'était moins bien, maintenant c'est mieux.

Monique se place devant l'Œil. Pendant ce qui suit, on sent qu'elle va parler, mais elle inspire et s'interrompt chaque fois. Elle inspire de plus en plus rapidement. En même temps, une sonnerie de téléphone.

MARIE (E). (…) effectivement toute la période du Moyen Âge a représenté les anges pour ainsi dire amputés de leurs pieds, et c'est la Renaissance qui semble leur avoir rendu leur forme entière, dans une sorte de résurrection progressive allant du bassin jusqu'aux orteils.

Nous tâcherons de tirer des conclusions de cette renaissance partielle des anges, de cette humanisation de corps célestes et flottants.

Ainsi, nous avons concentré nos recherches sur cette archéologie de l'image, plus précisément sur ce détail des pieds des anges et de l'incertitude de leur image en peinture. Ces recherches nous auront menée à nous questionner sur l'aspect du monde tel qu'il est représenté, tantôt voilé, tantôt dévoilé, et à nous demander dans quelle mesure ce monde nous est révélé au-delà de son aspect.

Marie (S) et Karine sont au téléphone. Karine est à l'hôpital, dans une cabine téléphonique.

KARINE. … une appendicite.

MARIE (S). Est-ce que c'est grave, ça, une appendicite? Je me rappelle jamais si c'est grave…

KARINE. C'est pas grave si tu la prends à temps.

MARIE (S). Là, vous l'avez prise à temps.

KARINE. Dire que… j'ai failli pas voir, j'ai failli pas comprendre. Quand il arrêtait pas de se plaindre qu'il avait mal au ventre, je pensais qu'il angoissait, comme d'habitude, tu sais comment il est. Je voulais pas aller à l'hôpital, je me disais, je vais quand même pas attendre cinq heures pour me faire dire que mon fils est stressé.

MARIE (S). Tu pouvais pas savoir, Karine.

KARINE. La médecin m'a dit que j'avais attendu trop longtemps pis que ça aurait pu mal tourner.

MARIE (S). Oui, mais ça a pas mal tourné.

KARINE. Une chance que l'infirmière de l'école a appelé tout de suite…

MARIE (S). John est avec toi?

KARINE. John est à Toronto…

MARIE (S). Ah oui, c'est vrai. Il s'en vient?

KARINE. … je lui ai dit que ça servait à rien qu'il se garroche ici, de toute façon il revient après-demain.

MARIE (S). C'est une infection, c'est ça?

KARINE. Ils sont en train de l'opérer, là.

MARIE (S). Là? Tout de suite?

KARINE. Ça fait tellement bizarre d'imaginer qu'ils sont en train de voir à l'intérieur de lui... Ils sont en train de le voir comme je pourrai jamais le voir.

MARIE (S). Ça va prendre combien de temps?

KARINE. Dans deux heures, normalement, je peux aller dans la salle de réveil. Juste avant de s'endormir, tu sais pas ce qu'il m'a dit?

MARIE (S). Quoi?

KARINE. Il m'a dit qu'il avait peur de pas se reconnaître, sans son appendice. Alors je lui ai dit que ça paraîtrait pas, qu'il a plus d'appendice.

MARIE (S). Ben non, ça paraît pas...

KARINE. Il était angoissé à l'idée qu'on lui enlève un morceau de lui-même, alors je lui ai expliqué que c'est un morceau qui sert à rien.

MARIE (S). Ben oui, ça sert à rien...

KARINE. Je lui ai promis qu'il se reconnaîtrait, après l'opération. J'espère qu'il va se reconnaître. Tu sais que, juste pour me contredire, il serait capable de pas se reconnaître? En tout cas, je suis désolée, je pourrai pas venir, évidemment...

MARIE (S). Ben voyons, c'est pas grave... embrasse-le pour moi.

KARINE. Je vais penser à toi... bonne chance.

MARIE (S). Merci. Tiens-moi au courant.

La naissance de Paul

Chambre d'hôpital, plusieurs années avant. Charles filme Monique.

CHARLES. T'es prête, chérie ? Ça tourne.

MONIQUE, *à la caméra.* … Bon, alors bonjour… 2 février 1972, 5 heures et 7, on est à l'hôpital, pis… on a hâte que t'arrives. Ça devrait pas tarder, mon col est à sept centimètres… là je te parle entre deux contractions, alors j'ai pas beaucoup de temps parce que j'en ai une aux trois minutes… Le personnel de l'hôpital est très gentil… *(Elle s'adresse à Charles :)* Je sais pas trop quoi dire… *(Charles lui fait signe de continuer.)* Euh… ça fait des mois que je te parle sans te voir, alors je me demande quels yeux tu fais quand tu m'écoutes. J'espère qu'on va se reconnaître, quand on va se voir pour la première fois. J'espère aussi que tu vas être heureuse, ou heureux, avec nous… on sait même pas si t'es une fille ou un garçon, mais bientôt on va pouvoir t'appeler par ton nom, j'ai hâte ! Je voulais te dire, Paul, ou Pauline, je voulais juste te dire… je voulais te souhaiter bon courage, pour ta naissance, parce que je sais que c'est pas facile de naître. Mais c'est ça, la vie : c'est pas toujours facile.

Elle a une forte contraction. Charles arrête de filmer pour la soutenir. Sonnerie de téléphone.

CHŒUR B *(le personnel de la salle d'accouchement).*
  1. Paul est né comme un signe.
  2. Pas comme un cygne dans le sens de l'oiseau.
  3. Poussez !
  4. Quoique, il aurait aimé ça être un oiseau.
  5. Ou une ballerine.
  6. Poussez !
  7. Mais on choisit pas.
  8. On peut pas tout choisir.

9. On y est presque, poussez encore !
10. Donc, Paul est né comme un signe.
11. Comme un signe dans le sens d'un présage.
12. Pas comme un cygne dans le sens de vilain petit canard.
13. Mais presque.
14. Presque ! Poussez encore !

Long cri de Monique, toujours devant l'Œil.

15. C'est un garçon !

Charles est à la même cabine téléphonique que Karine précédemment.

JEAN-PIERRE, *qui répond au téléphone.* Allô ?

CHARLES. Allô, Jean-Pierre, c'est Charles.

JEAN-PIERRE. Qu'est-ce qui se passe ?

CHARLES. Paul est né.

JEAN-PIERRE. Wow ! Félicitations ! *(Il appelle sa femme :)* Suzanne, Suzanne ! Viens ! C'est ton frère, au téléphone ! Ça y est ! Le bébé est arrivé ! C'est un garçon !

Suzanne arrive, excitée, avec un bébé dans les bras. Elle restera près du téléphone tout le long de la conversation.

SUZANNE. Hein ? Je le savais ! Je le savais que c'était pour être un garçon ! Je te l'avais dit, hein, qu'elle le portait en pointe ? *(Vers le combiné :)* Félicitations ! ! ! Comment va la mère ?

JEAN-PIERRE, *au téléphone.* Tout s'est bien passé ?

CHARLES. Oui.

JEAN-PIERRE. Il est en santé ?

CHARLES. Oui.

SUZANNE. Combien il pèse ?

JEAN-PIERRE. Monique va bien?

SUZANNE. Combien de temps, l'accouchement?

CHARLES. Oui, oui, elle va bien.

SUZANNE. Demandes-y combien il pèse. *(À son bébé, gaga :)* Toi, tu pesais beaucoup beaucoup beaucoup, pis maman elle a eu mal mal mal!

JEAN-PIERRE. Les deux vont bien? *(À Suzanne :)* Chhht. *(À Charles :)* Les deux vont bien?

CHARLES. Les deux vont bien.

JEAN-PIERRE. À qui il ressemble?

SUZANNE, *pour faire une blague.* À la mère, j'espère!

CHARLES. Il ressemble à personne.

JEAN-PIERRE. Hein?

CHARLES. À personne.

JEAN-PIERRE. Ben c'est normal, au début. On voit pas trop…

CHARLES. Il faut que je te dise quelque chose.

JEAN-PIERRE. T'es ben bizarre, qu'est-ce que t'as?

CHARLES. Bon, écoute-moi bien.

JEAN-PIERRE. Tu me fais peur, là, qu'est-ce qui se passe?

CHARLES. Il se passe que Paul est noir.

JEAN-PIERRE. Hein?

SUZANNE, *à Jean-Pierre.* Qu'est-ce qui se passe?

CHARLES. Il est noir.

JEAN-PIERRE. Il est noir…

SUZANNE. Qu'est-ce qui est noir?

JEAN-PIERRE, *à Suzanne.* Chttt. Le bébé. Il dit que le bébé est noir.

SUZANNE. Hein?

JEAN-PIERRE. … dans quel sens?

CHARLES. Comment, «dans quel sens»? Il est noir, c'est tout, il est noir!

SUZANNE. Mais qu'est-ce que tu veux dire, «noir»?

JEAN-PIERRE. Tu veux-tu dire, comme… une maladie? Une sorte de jaunisse?

CHARLES. Non, Jean-Pierre, non! Pas une jaunisse, sacrament! Je te dis qu'il est noir! Il est noir comme… comme un Africain, là, noir. Noir.

JEAN-PIERRE. Je comprends pas. Comment ça, un Africain?

SUZANNE. Ah, O.K., noir dans le sens que c'est *un* Noir??

CHARLES. J'ai parlé au médecin longtemps, il m'a dit que ça se pouvait. Que c'est déjà arrivé.

SUZANNE. Ben voyons, ils se sont trompés de bébé.

JEAN-PIERRE. T'es certain qu'ils vous ont donné le bon bébé, à l'hôpital?

CHARLES. Je l'ai vu sortir, Jean-Pierre! J'ai coupé le cordon! C'est mon fils. Elle m'a juré que c'est mon fils. Pis je la crois.

JEAN-PIERRE, *à Suzanne.* Non, c'est vraiment leur bébé…

SUZANNE. Est-ce que c'est… permanent?

CHARLES. Ça s'explique. Tout s'explique. C'est une affaire de génétique. Très rare. C'est comme... le réveil de «gènes dormants» d'un ancêtre noir.

JEAN-PIERRE. Un gène dormant, est-ce que ça va... partir ?

CHARLES. Quoi ? Qu'est-ce que tu veux dire ?

JEAN-PIERRE. Ben, nous, Chloé, elle avait les yeux bleus, pis, ben, après c'est parti. Le bleu.

CHARLES. Non, Jean-Pierre. Ça va pas partir. C'est quelque chose de définitif, O.K. ?

JEAN-PIERRE. Écoute, je suis désolé... euh, ben, non, c'est pas ça que je veux dire, il y a pas de quoi se désoler, je veux dire que... ben, que c'est pas grave, hein, dans le sens que ça change rien, ben, je veux dire, oui, ça change quelque chose, mais c'est pas comme un handicap, hein, l'important c'est qu'il soit en santé, hein, ah, excuse-moi, là, je suis sous le choc, je dis des niaiseries. Veux-tu parler à Suzanne ? *(Suzanne fait signe que non, affolée.)*

CHARLES. Écoute. J'ai d'autres gens à appeler. Je voulais simplement vous prévenir, Suzanne et toi, pour que vous ayez le temps de vous faire à l'idée, et pour que vous acceptiez Paul comme il est.

JEAN-PIERRE. Bien sûr ! Voyons donc, Charles, bien sûr ! On l'aime déjà. Hein, Suzanne ? Je l'aime déjà, mon neveu noir.

CHARLES. Il s'appelle Paul.

JEAN-PIERRE. Bien sûr. Paul. C'est ce que je voulais dire.

CHARLES. Salut.

Jean-Pierre raccroche, sous le choc. Puis il serre Suzanne et leur fille Chloé dans ses bras.

JEAN-PIERRE, *comme s'il avait échappé à quelque chose de terrible.* Je suis tellement chanceux.

MONIQUE, *à la caméra.* Paul? Est-ce qu'on aurait dû te cacher tous les miroirs, comme on le fait pour les grands brûlés? Attendre que tu sois certain de te reconnaître, avant de te montrer ton reflet?

Pendant ce temps, le chœur soulève Marie (S) et la change en ballerine. On découvre sous ses vêtements une tenue de ballet classique typique des petites filles : tutu, collant, etc. Idéalement, deux petites ailes d'ange.

MARIE (E) et (S). ... comme j'étais encore petite quand c'est arrivé, j'ai récupéré toute l'attention, la valorisation, la protection, les encouragements, les marques d'affection dont on croyait que mon frère avait dû tant manquer pour s'être suspendu dans les airs et dans le temps, comme si soudainement la vie de mes parents était tout occupée à célébrer la mienne, jour après jour, et c'est dans cette célébration perpétuelle de mon existence que j'ai grandi, en pensant que je devais être quelqu'un d'exceptionnel pour mériter un tel traitement.

Elle a terminé de se changer et fait une révérence typiquement «ballet» : on est à la fin d'un spectacle de ballet, dans l'enfance de Marie. Le groupe du salon funéraire devient toute la famille de Marie qui est venue assister à son spectacle de ballet. Ils l'applaudissent démesurément, lui offrent tous les bouquets de fleurs du salon funéraire, l'embrassent, la complimentent, etc.

Le spectacle de ballet

CHŒUR C.
1. T'étais la meilleure.
2. Bravo.

3. Vraiment, c'est toi la meilleure.
4. Quel talent.
5. Bravo.
6. T'étais tellement belle, tu ressortais de tout le monde.
7. Tu ressortais de tout le monde.
8. Tiens, des belles fleurs pour ma grande ballerine.
9. Des belles fleurs, tu les mérites.
10. Tu les mérites.
11. T'as fait tellement de progrès.
12. T'arrêtes pas de progresser.
13. Tu dois être fatiguée, hein, de progresser comme ça?
14. Un beau spectacle.
15. Un très beau spectacle.
16. Surtout ta partie.
17. C'était ta partie, la mieux.
18. T'es pleine de talent.
19. Pleine de talent.
20. On est tous très fiers de toi.
21. Très fiers, tu nous rends très fiers.
22. Grâce à toi, on est fiers.
23. Paul aurait été très fier.
24. Oui, ton frère aurait été fier de toi.
25. Je suis sûr qu'il est fier de toi.
26. J'ai même pleuré!
27. Moi aussi, j'ai pleuré.
28. J'ai tout filmé.
29. Tu nous as fait pleurer.
30. Moi aussi, j'ai tout filmé.
31. On est deux à avoir tout filmé.
32. Mais moi, j'ai juste filmé toi. En *close-up*.
33. On fera un montage.
34. On le donnera à tout le monde.
35. Avec les photos. J'ai pris plein de photos.
36. On va tout regarder ça.

37. Ça fera des beaux souvenirs.
38. J'ai hâte de voir ça.
39. On a tellement hâte de voir ça.
40. On va organiser une fête.
41. Oui, il faut fêter ça!
42. On va organiser une fête.
43. Une fête où on va regarder le film de ton spectacle.
44. C'est ça, on va faire une fête, pis on va te regarder!
45. Aimerais-tu ça qu'on fasse une fête pis qu'on te regarde?

MARIE (E). Cet excès de regards passionnément posés sur moi ne se limitait pas aux yeux de mes parents, mais aussi à tout leur entourage, puisque mes parents ne toléraient auprès d'eux que ceux et celles qui approuvaient et partageaient cette extase presque mystique dont j'étais l'objet.

Je pensais qu'un jour je comprendrais en quoi j'étais si spéciale, je devais avoir une sorte de don que les autres avaient remarqué avant moi et que je découvrirais certainement en temps et lieu, et ça m'excitait, l'idée d'être exceptionnelle, j'avais hâte de découvrir quelles étaient mes caractéristiques extraordinaires et quel destin flamboyant m'attendait.

Musique de salsa. Tout le monde se met deux par deux et danse : nous sommes des années plus tard, au cours de salsa.

Le cours de salsa

Tout le monde est rayonnant, tout le monde semble avoir énormément de plaisir, sauf Marie qui est très mal à l'aise. Elle s'arrête brusquement de danser et s'écarte de son partenaire.

MARIE (S). Écoutez, je vais être obligée d'arrêter. Je veux pas que vous le preniez contre vous, vous êtes sans doute un excellent partenaire de salsa, ça a rien à voir avec vous, c'est juste que je suis inconfortable avec la proximité. Je sais que ça fait partie de la danse, je dis pas que c'est comme si vous en aviez profité pour me coller ou rien de ce genre-là, non, j'insinue pas que vous ayez fait quelque chose de déplacé, mais je suis trop tendue, je le sens bien, vous allez voir, il va encore me dire de relaxer mes épaules, je suis pas faite pour ça, moi, la danse, j'ai aucun abandon, aucun lâcher-prise, je suis perpétuellement crispée, d'ailleurs c'est la même chose avec le sexe, ça se passe très mal à ce niveau-là, et je vous remercie d'avoir eu la délicatesse de faire comme si de rien n'était, je veux dire comme si tout était normal, mais je suis certaine qu'une autre partenaire vous permettrait de vivre beaucoup plus la joie de la danse, n'est-ce pas?

PARTENAIRE DE MARIE. Sorry, no speak French very much.

MARIE (E). Un jour, j'ai eu l'intuition vertigineuse que le culte que me vouaient mes parents n'était peut-être pas justifié. J'avais toujours rien trouvé en moi qui me rende différente de tous les autres, à l'exception justement de cet amour démesuré auquel j'avais eu droit sans rien faire, sauf me contenter d'être moi-même, un amour qui m'avait d'abord comblée pour ensuite m'embarrasser comme un manteau trop lourd.

La musique s'arrête, tout le monde applaudit et rit.

PROFESSEUR DE SALSA. Ça s'en vient! Ça s'en vient! Marie, relaxe les épaules.

MARIE (S). Papa? Maman?

CHARLES. Oui, ma chérie?

MONIQUE. Qu'est-ce qui se passe, ma puce?

MARIE (S). Pourquoi vous m'aimez tant que ça?

CHARLES. Pardon?

MONIQUE. Qu'est-ce que tu dis là?

MARIE (S). Pourquoi est-ce que vous m'aimez avec autant de... d'enthousiasme?

CHARLES. Voyons, ma chérie, on t'aime parce que... on t'aime pour ce que tu es.

MONIQUE. Pis on va toujours t'aimer pour ce que tu es.

MARIE (S). C'est-à-dire?

CHARLES. Ben, pour ce que tu es : notre fille adorée.

MONIQUE. T'es une fille extraordinaire, Marie.

MARIE (E). Hein? Comment ça?

MARIE (S). Oui, je comprends, vous êtes mes parents, mais à part ça?

CHARLES. Je comprends pas bien ta question, Marie.

MONIQUE. Prends ton temps, ma puce. On t'écoute.

MARIE (S). À part l'amour parental, qu'est-ce qui fait que vous me... que vous m'adorez comme ça?

CHARLES. C'est simple, c'est parce qu'on t'aime. Tu es notre fille et on t'aime exactement comme tu es, t'as pas à t'en faire.

MARIE (S). Comme je suis.

MONIQUE. Comme tu es.

MARIE (S). Exactement comme je suis.

CHARLES. Bien sûr.

MARIE (E). C'est tout?

CHARLES. Comment « c'est tout »? C'est bien, non?

MARIE (S). Je m'attendais à plus.

MONIQUE. Tu t'attendais à ce qu'on t'aime encore plus?

MARIE (S). Non, non...

CHARLES. Alors, qu'est-ce que tu veux dire?

MONIQUE. ... Parce que tu sais que c'est pas possible, de t'aimer plus qu'on t'aime.

MARIE (S). Ben, je suis juste étonnée qu'il y ait pas une raison plus... esthétique.

CHARLES. Esthétique?

MONIQUE. T'es une belle fille, Marie.

MARIE (S). Non, mais je veux dire, je me disais juste que... je pensais que j'avais quelque chose.

CHARLES. Quelque chose comme quoi?

MARIE (S). Je sais pas... quelque chose qui se cache pour l'instant mais qui va se manifester plus tard, une promesse, un espoir...

MONIQUE. Un espoir de quoi?

MARIE (E). Vous trouvez pas que, être soi-même, c'est une quête un peu limitée?

CHARLES. Ben là, je sais pas, là, ça dépend...

KARINE, *à l'Œil.* ... Alors j'arrive au bureau de la directrice, je lui demande de quoi il s'agit, moi je m'attendais à quelque chose de grave, on convoque pas un parent pour rien, je me disais bon, ça y est, il s'est battu, il a envoyé chier son prof, il a apporté une revue porno en classe, je sais pas, quelque chose de... de *grave*, alors je m'assois dans son bureau, je respire, et là elle m'annonce : Madame, je crois que votre fils a un

vide spirituel. Je comprends pas bien, je lui demande ce qu'elle entend par là… Elle me dit que c'est à cause de la banderole. «Oui, la banderole, mais encore?»
Elle m'explique que, sur la banderole géante qu'ils vont installer à l'entrée de l'école, chaque enfant doit écrire trois rêves. Et là elle sort une feuille et elle me lit les rêves de mon fils : 1. avoir une piscine. 2. avoir un cheval. Jusqu'ici tout va bien… Et 3. mourir pour voir ce qui se passe après. «C'est tout, je lui demande? Qu'est-ce que ça peut bien faire, que mon fils ait envie de mourir pour voir ce qui se passe après?» «Ça traduit un vide spirituel, d'ailleurs il se plaint souvent de maux de ventre, je tenais à vous prévenir.» J'étais tellement insultée, je me suis levée et je suis partie en claquant la porte de son bureau. Mais je voudrais quand même savoir : Est-ce que c'est *grave*, ça, un vide spirituel?

Le plateau de tournage

Installation du plateau de tournage, tandis que le cours de danse se poursuit.
Il s'agit d'un film américain, basé sur Hamlet *de Shakespeare, mais on ne le sait pas encore. Karine est assistante aux costumes, et Marie fait de la figuration.*

FIGURANT. … Je fais ça souvent, de la figuration. Surtout les films américains, c'est ça qui m'intéresse. Ils me connaissent, astheure. C'est mon deuxième Scorsese.

FIGURANTE. Ah oui?

FIGURANT. Oui, j'ai faite *The Aviator.* J'en ai aussi faite avec Spielberg, *Catch me if you can…*

FIGURANTE. Ah oui?

FIGURANT. Mais moi ce que je veux faire c'est réaliser. Un jour. Alors je trouve ça important d'observer les collègues en attendant.

FIGURANTE. Ah oui?

FIGURANT. Oui, je me fais la main en les regardant. J'apprends de leurs erreurs.

FIGURANTE. Ben oui.

FIGURANT. Mais là, aujourd'hui, je vais lui donner mon scénario. Je me sens prêt à le montrer.

FIGURANTE. T'as écrit un scénario… de film?

FIGURANT. Ouain. Pis, connaissant Scorsese, je pense que ça pourrait l'intéresser. Ils manquent de bons scénarios, dans l'industrie. C'est pour ça qu'ils font beaucoup d'adaptations de romans : il y en a plus, des bons scénarios. La preuve : encore un remake de *Hamlet.*

FIGURANTE. Ça parle de quoi, ton scénario?

FIGURANT. Ben, c'est assez trash. Je voudrais pas t'effrayer. Al-Qaida, les talibans, on parle d'un film 18 ans et plus. Mais ça passerait pas, ici, ça passerait pas. Je veux dire le financement, au Québec, ils me donneraient jamais l'argent. Jamais. Ça leur ferait ben trop peur. Trop gros, trop ambitieux.

FIGURANTE. Comment ça?

FIGURANT. Et puis, de toute façon, ce serait mieux en anglais. Un film d'action, c'est comme une toune rock : une toune rock, ça sonne toujours mieux en anglais, tu trouves pas?

FIGURANTE. Peut-être, oui.

FIGURANT. En tout cas. Je vais aller lui porter tantôt.

FIGURANTE. Bonne chance.

FIGURANT. Dans deux semaines, je fais une autre figuration sur un film de Luc Besson. Tsé? *Nikita? Le cinquième élément?* Je vais lui donner à lui aussi, mon scénario. Le plus vite des deux à répondre, c'est à lui. Tant pis pour l'autre, il avait rien qu'à se dépêcher.

FIGURANTE. Mais Luc Besson, c'est pas un réalisateur français?

FIGURANT. Oui, mais pas vraiment. Dans l'âme, c'est un Américain. Par choix. Il a compris qu'on peut choisir qui on est. C'est ça, la liberté, être libre dans sa tête. *You are what you say you are.* Les grands artistes sont libres dans leur tête. On se rejoint là-dessus.

Ailleurs sur le plateau.

MARIE (E). … Mais si je prends un cours de salsa, j'ai peur que tout le monde sache que je suis en manque.

KARINE. En manque de quoi?

MARIE (E). En manque de… tout, que je suis en manque de tout.

KARINE. Ben voyons, moi je suis pas en manque pis je prends des cours de salsa.

MARIE (E). Je le sais que t'es pas en manque, pas besoin de me baver avec ça.

KARINE. Je te bave pas, c'est toi qui parles de manque!

MARIE (E). C'est pas parce que t'as un chum pis un enfant pis une vraie vie que tu dois faire ta fraîche.

KARINE, *patiente.* Marie, arrête, là. Viens au moins une fois, ça va te changer les idées, pis tu verras si t'aimes ça.

MARIE (E). Je sais pas.

KARINE. Pourquoi?

MARIE (E). Je trouve que la salsa, ça fait comme une excuse pour... se toucher.

KARINE. Quoi?

MARIE (E). C'est le genre de danse qui donne la permission d'être proche.

KARINE. Pis?

MARIE (E). Ben, rien.

KARINE. Qu'est-ce que ça fait?

MARIE (E). Je trouve ça malsain, un peu.

KARINE. Tu réfléchis trop. Fais juste essayer.

MARIE (E). Mais si je découvre dès le début que j'aime pas ça?

KARINE. Ben, tu reviens pas, c'est tout.

MARIE (E). Oui, mais je suis obligée de finir le cours!

KARINE. Ben non, même pas, t'es pas obligée.

MARIE (E). Mais sinon, le gars, il va être blessé!

KARINE. Quel gars?

MARIE (E). Le gars avec qui j'aurai essayé de danser au début du cours.

KARINE. Pourquoi il va être blessé?

MARIE (E). Parce qu'il va penser que je l'aime pas.

KARINE. Mais il veut pas que tu l'aimes. Tu sais, les gens veulent pas nécessairement que tu les aimes.

MARIE (E). Pourquoi? Moi je veux qu'ils m'aiment, les gens. C'est pas de ma faute, on m'a habituée à être aimée démesurément.

KARINE. Oui. Bon. Ben, ils vont t'aimer, d'abord, viens donc.

MARIE (E). Je sais pas…

KARINE. Quoi encore?

MARIE (E). Il faut quand même se trouver beau pour faire de soi-même une… une manifestation artistique, non? Il y a quelque chose de narcissique que j'assume pas, dans la danse, c'est comme… une forme d'autocélébration. Ça me met mal à l'aise.

KARINE. C'est pas de l'autocélébration, c'est un cours de salsa, Marie! T'es vraiment compliquée quand tu veux.

MARIE (E). Je *veux* jamais être compliquée, je suis juste compliquée sans le vouloir.

2ᵉ ASSISTANT RÉALISATEUR, *à son walkie.* O.K. I got Karine. *(À Karine :)* Karine, on a besoin les bijoux pour Ophélie, O.K.? On te l'a dit qu'elle est allergique au métal?

KARINE. Hein? Non.

2ᵉ ASSISTANT RÉALISATEUR. Well she's allergic.

KARINE. Shit. O.K., j'arrive. *(À Marie :)* On se retrouve au break lunch?

MARIE (E). O.K.

La rencontre de Romain et Marie

Sur le plateau de tournage.

MARIE (S). … «De l'inquiétude existentielle à travers la représentation des anges et de l'apparition de leurs pieds dans l'art de la Renaissance.»

ROMAIN. Euh… peux-tu répéter?

MARIE (S). «De l'inquiétude existentielle à travers la représentation des anges et de l'apparition de leurs pieds dans l'art de la Renaissance.»

ROMAIN. C'est le titre?

MARIE (S). Oui.

ROMAIN. Est-ce que c'est toujours long comme ça, un titre de thèse?

MARIE (S). Oui, la plupart du temps. C'est parce que c'est précis.

ROMAIN. C'est pas vendeur!

MARIE (S). Non, c'est pas vendeur.

ROMAIN. Pis à part ça, qu'est-ce que tu fais?

MARIE (S). Euh, rien. Je fais de la figuration de temps en temps… ma sœur travaille aux costumes… Et puis j'avais une charge de cours à l'université, mais j'ai abandonné, j'y arrivais pas…

ROMAIN. Tu donnais des cours de peinture?

MARIE (S). Non, non, je sais pas peindre, moi!

ROMAIN. Tu fais pas de peinture.

MARIE (S). Non.

ROMAIN. Mais t'aimes la peinture.

MARIE (S). Oui, j'aime la peinture pour la regarder, pour espérer que ça va me transformer pour toujours.

ROMAIN. Et maintenant, tu le donnes plus, ton cours?

MARIE (S). Non.

ROMAIN. Pourquoi?

MARIE (S). J'ai demandé à quelqu'un de me remplacer. Je… j'ai de la misère avec un public, je perds mes moyens, j'arrive pas à m'exprimer devant plusieurs personnes qui me regardent.

ROMAIN. Et comment tu fais pour l'argent? Tu travailles pas, à part la figuration?

MARIE (S). Ben, j'ai une bourse pour écrire ma thèse, et puis j'ai pas besoin de beaucoup d'argent…

ROMAIN. Et alors tu fais rien d'autre qu'écrire ta thèse sur les pieds des anges?

MARIE (S). Euh… c'est ça.

ROMAIN. Pis le gouvernement te paye pour ça?

MARIE (S). Ben, un peu.

ROMAIN. C'est relax, hein?

MARIE (S). Ben, je sais pas là… C'est quand même prenant, la recherche, et tout…

ROMAIN. Alors tu fais juste ça? Je veux dire, tu fais ça tout le temps?

MARIE (S). Qu'est-ce que tu veux dire?

ROMAIN. Rien. C'est intéressant. Je vais aller me chercher un café, t'en veux un?

Il va partir. Elle crie presque, pour le retenir.

MARIE (S). … Je prends des cours de salsa, aussi!

ROMAIN. Ah oui?

MARIE (S). Oui!

ROMAIN. Wow!

MARIE (S). J'adore ça!

ROMAIN. Je suis certain que t'es super bonne.

MARIE (S). Oh, je commence… Mais je suis très passionnée.

ROMAIN. Ah oui?

MARIE (S). Oui! La danse c'est vraiment comme… de la joie, hein? De la beauté et de la joie de vivre, moi je trouve. J'aime beaucoup ça, la danse. C'est vraiment… wow! Pas que je suis en manque de contact ou quoi que ce soit, mais c'est juste une… la danse ça apporte plein de… de plénitude. Et toi?

ROMAIN. La danse?

MARIE (S). Non, je veux dire… ah, parce que tu danses aussi? Mais je voulais dire… eille, tout le monde danse, hein?… mais je voulais dire à part danser, dans la vie, tu m'as pas dit ce que tu fais… ben, je dis pas que t'es obligé de faire quelque chose, hein, des fois on fait rien, mais je demandais ça comme ça, t'es pas obligé de répondre, non plus, c'est peut-être personnel, ou peut-être que t'es danseur.

ROMAIN. Non non, euh, ben, j'ai une formation en danse parce que je suis… je suis un acteur, un comédien… C'est niaiseux, j'ai encore du mal à le nommer, j'ai du mal à me… *désigner*, c'est parce que je viens de finir l'école, j'ai pas encore beaucoup travaillé… ben, à part de la figuration, là… c'est difficile de se désigner avant que d'autres le fassent, hein?

Tout un groupe les a rejoints. Ce sont les autres figurants. Ils sont tassés les uns sur les autres, ils ont chaud, ils sont épuisés.
On entend «Action!», le 2ᵉ assistant fait un grand geste, puis tout le groupe de figurants rit et applaudit.

2ᵉ ASSISTANT RÉALISATEUR, *criant en anglais.* Attention please! O.K., is it okay for everybody if I speak English?

Just raise your hand if you don't understand, lève ta main si tu comprends pas.

Marie (S) est la seule à lever la main. Il soupire.

Shit. O.K. J'vas te le dire après. O.K. guys, quiet please! I'm gonna tell you how this is gonna work. When the director is gonna say «action», you don't do anything, O.K.? Hamlet will walk a little bit. And then, when I go like this *(il fait un geste)*, all the ghosts all of you, you start laughing, and clapping. All right? Well not everybody will be clapping in fact. *(Il pointe des figurants.)* You, you, you, you, you, and you, you'll clap. The others, just laugh. Quiet! We're already late! I know you've been waiting a lot, and if we do good, lunch break will be pretty soon O.K.? So just stand here and wait.

MARIE (E). Excusez-moi...

2ᵉ ASSISTANT RÉALISATEUR. Quoi.

MARIE (E). Je... j'ai pas bien compris ce qu'il faut faire.

2ᵉ ASSISTANT RÉALISATEUR. Quand le monde rit, tu ris.

MARIE (E). ...

2ᵉ ASSISTANT RÉALISATEUR. Ça marche?

MARIE (E). Oui, oui, parfait. Merci.

Et l'assistant reçoit un appel sur son cellulaire.

ROMAIN, *qui a assisté à l'échange.* Si tu veux, je te traduis au fur et à mesure.

MARIE (E). Je veux bien, oui, c'est gentil. Je comprends rien à l'anglais.

Le 2ᵉ Assistant rejoint Marie (E). Marie (E) et Marie (S) changent de place : Marie (E) est à sa thèse, Marie (S) sur le plateau de tournage.

2e ASSISTANT RÉALISATEUR. C'est toi, Marie?

MARIE (S). Euh… oui.

2e ASSISTANT RÉALISATEUR. O.K. J'ai une possibilité d'upgrade, ça te tente-tu?

MARIE (S). Qu'est-ce que ça veut dire?

2e ASSISTANT RÉALISATEUR. Ben, ça veut dire que tu vas faire mille piasses au lieu de cent vingt.

MARIE (S). Mais pourquoi?

2e ASSISTANT RÉALISATEUR. Ben, au lieu de rester avec les autres fantômes, tu vas avoir un rôle. Mais tu vas pas parler.

MARIE (S). Hein? On est des fantômes?

2e ASSISTANT RÉALISATEUR. Ben oui, des spectres.

MARIE (S). J'avais pas compris qu'on était des fantômes.

2e ASSISTANT RÉALISATEUR. O.K., ça te tente-tu de le faire?

ROMAIN. Oui, ça lui tente! *(À Marie (S) :)* Oui, hein?

MARIE (S). Oui, oui… Mais pourquoi moi?

2e ASSISTANT RÉALISATEUR. O.K. Signe ici pis va au maquillage-coiffure. Hurry up we're late.

Le chœur saisit Marie (S) et la prépare.

MARIE (E). Je me suis alors dit que, pour être aimée à ce point-là sans posséder de don spécial, je devais être atteinte d'une maladie très grave, incurable, qui m'emporterait bientôt et qu'on m'avait cachée pour m'éviter la peur qui précède la mort, oui, ce devait être ça, c'était la seule façon de justifier une adoration que je ne méritais pas autrement : j'allais mourir bientôt!

À partir de ce jour, j'allais craindre ma disparition imminente, car non seulement j'étais mortelle, mais voilà que j'étais mourante, j'allais m'observer de près pour surprendre la mort avant qu'elle ne me surprenne, j'allais devenir obsédée par ma lente agonie, et mon rapport au temps allait être teinté d'une profonde angoisse : j'allais devenir mélancolique.

CHŒUR D, *tandis qu'il prépare Marie.*
1. Elle est chanceuse.
2. Il paraît qu'elle fait le côté féminin de Hamlet.
3. C'est une adaptation très libre.
4. Alors Hamlet a un côté féminin.
5. Eille, c'est comme Kate Blanchett dans le film sur Bob Dylan !
6. Sauf que Kate Blanchett parlait, mais elle, elle parlera pas.
7. Ben non, elle parlera pas.

MARIE (S). Qu'est-ce que je dois faire ?

2ᵉ ASSISTANT RÉALISATEUR. You just walk beside Hamlet.

ROMAIN. Tu marches à côté d'Hamlet !

2ᵉ ASSISTANT RÉALISATEUR. You are his feminine side, it is very modern.

ROMAIN. Tu es son côté féminin, c'est très moderne.

CHŒUR.
8. Ça, c'est le genre d'affaire qui peut arriver à tout le monde, quand on fait de la figuration.
9. Moi, ça a failli m'arriver sur un autre film, mais j'étais trop grand finalement.
10. Sur un film de Woody Allen.
11. Mais ils ont dit que j'étais trop grand.

12. Moi, une fois j'ai eu une réplique avec Angelina Jolie, je devais lui répondre quelque chose, mais après ils ont coupé la scène. C'est dommage c'était vraiment une bonne scène.
13. C'est comme moi, ça. J'ai écrit un roman, mais il a brûlé quand mon appartement est passé au feu. C'était mon seul manuscrit.
14. Moi aussi ça m'est arrivé, la même chose!
15. Moi aussi!
16. Maudits feux qui brûlent nos manuscrits.

MARIE (S). Est-ce que je dois marcher d'une façon spéciale?

2ᵉ ASSISTANT RÉALISATEUR. Just be connected to Hamlet's spleen.

ROMAIN. Branche-toi sur la mélancolie de Hamlet!

2ᵉ ASSISTANT RÉALISATEUR. He will translate.

ROMAIN. Je vais traduire!

CHŒUR.
17. Il va traduire!

On entend «Action!», Marie (E) marche à côté de Hamlet.

HAMLET. … To die, to sleep;
To sleep: perchance to dream: ay, there's the rub;
For in that sleep of death what dreams may come
When we have shuffled off this mortal coil,
Must give us pause: there's the respect
That makes calamity of so long life;
For who would bear the whips and scorns of time,
The oppressor's wrong, the proud man's contumely,
The pangs of despised love, the law's delay,
The insolence of office and the spurns
That patient merit of the unworthy takes,
When he himself might his quietus make

With a bare bodkin? who would fardels bear,
To grunt and sweat under a weary life,
But that the dread of something after death,
The undiscover'd country from whose bourn
No traveller returns, puzzles the will
And makes us rather bear those ills we have
Than fly to others that we know not of?
Thus conscience does make cowards of us all;
And thus the native hue of resolution
Is sicklied o'er with the pale cast of thought,
And enterprises of great pith and moment
With this regard their currents turn awry,
And lose the name of action. – Soft you now!
The fair Ophelia! Nymph, in thy orisons
Be all my sins remember'd.

ROMAIN, *qui traduit au fur et à mesure pour Marie.* ...
Mourir, dormir; dormir : peut-être rêver. Oui, là est
l'embarras. Quels rêves peuvent émerger quand nous
sommes débarrassés de notre enveloppe mortelle?
C'est ce qui nous arrête. D'où vient ce respect que nous
accordons à cette longue vie qui n'est que calamité?
Qui voudrait supporter les flagellations et les dédains
du monde, l'injure de l'oppresseur, l'humiliation
de la pauvreté, les angoisses de l'amour méprisé, les
lenteurs de la loi, l'insolence du pouvoir et l'injustice
de l'imposture, si on pouvait en finir avec un simple
poignard?
Qui voudrait porter ces fardeaux, grogner et suer sous
une vie accablante, si la crainte de quelque chose après
la mort, de cette région inexplorée d'où nul voyageur
ne revient, ne troublait la volonté et ne nous faisait
supporter nos souffrances par peur de souffrir celles
que nous ne connaissons pas? Ainsi, la conscience fait
de nous tous des lâches; ainsi les lueurs de la résolution
blêmissent sous les pâles reflets de la pensée; ainsi les
entreprises les plus énergiques et les plus importantes

se détournent de leur cours, à cette idée, et perdent le nom d'action… Doucement, maintenant! Voici la belle Ophélia… Nymphe, dans tes oraisons, souviens-toi de tous mes péchés.

Le 2ᵉ assistant fait un grand geste, puis tout le groupe de figurants rit et applaudit.

Les fantômes

MARIE (S). … De toute façon, maintenant je suis obligée d'y aller, je lui ai dit que je prenais des cours de salsa. Je suis vraiment conne.

KARINE. Tu lui as dit ça?

MARIE (S). Oui.

KARINE. Pourquoi?

MARIE (S). Je voulais… je voulais avoir l'air de quelqu'un de sensuel. Je sais, c'est ridicule.

KARINE. Qu'est-ce que tu veux dire?

MARIE (S). Je voulais passer pour quelqu'un qui est proche de… de ses sens, de ses sensations, donc éventuellement de sa sexualité, puisque c'est tout ce qui compte aujourd'hui.

KARINE. Comment il s'appelle?

MARIE. Romain.

KARINE. Qu'est-ce qu'il fait?

MARIE (S). C'est un comédien, mais il a du mal à se désigner. C'est ça qui m'a plu chez lui.

KARINE. Alors tu lui as dit que tu prenais des cours de salsa.

MARIE (S). Oui, parce que je me suis bien rendu compte que j'avais aucune chance de l'intéresser plus que trois minutes en lui parlant de ma rédaction de thèse, donc de ce qui constitue ma vie entière pour l'instant, et qu'il valait mieux que je m'invente quelque chose comme un bon loisir sensuel.

KARINE. Alors tu viens ce soir ?

MARIE (S). Oui.

KARINE. Tu vas aimer ça, tu vas voir.

MARIE (S). Je pense pas, mais j'ai pas le choix.

KARINE. Pourquoi ?

MARIE (S). Il vient me chercher après.

KARINE. Quoi ?

MARIE (S). Quoi, qu'est-ce qu'il y a ?

KARINE. Il vient te chercher ?

MARIE (S). Oui.

KARINE. Genre, vous allez prendre un verre ?

MARIE (S). Genre.

KARINE. C'est fantastique ! Je suis tellement contente pour toi.

MARIE (S). C'est vraiment condescendant, ta façon d'insinuer que c'était inespéré.

KARINE. Hein ?

MARIE (S). Tu t'exclames comme si c'était au-dessus de toute prédiction qu'un gars vienne me chercher quelque part…

KARINE. Voyons donc, Marie, c'est pas ça…

MARIE (S). … mais je vois pas pourquoi un gars viendrait pas me chercher quelque part, moi aussi, comme n'importe qui d'autre.

KARINE. J'ai jamais dit ça !

MARIE (S). Alors arrête de t'exciter comme ça, c'est ridicule.

KARINE. Écoute, Marie, je sais que ça te rend nerveuse…

MARIE (S). Ça me rend pas nerveuse ! De quoi tu parles ? On n'est plus des enfants !

KARINE. Je me réjouis pour toi, c'est tout…

MARIE (S). Et puis arrête de me parler avec… *charité*, c'est insupportable.

KARINE. Eille, je vais te dire quelque chose, Marie : c'est grâce à moi pis à ma charité si t'as été upgradée pis qu'on t'a donné un rôle. Parce que si j'étais pas là, tu serais restée un fantôme comme tous les autres figurants.

MARIE (S). Je m'en fous, moi, d'être un fantôme !

KARINE. C'est pas vrai ! Personne aime ça, être un fantôme !

MARIE (S). Puisque je te dis que ça me dérange pas, d'être un fantôme !

KARINE. Tu veux dire que j'ai fait tout ça pour rien ?

MARIE (S). Oui !

KARINE. Pourquoi t'es jamais capable de reconnaissance envers les autres, Marie ?

MARIE (S). Parce que les autres m'énervent.

KARINE. Ben, les autres, ils vont te laisser toute seule, si tu continues. Toute seule.

Elle part, furieuse. Marie (E) crie désespérément pour la retenir.

MARIE (E). Excuse-moi, Karine! Je te demande pardon!

MARIE (S), *poursuivant.* … C'est vrai que je suis incapable de gratitude et de reconnaissance, c'est un gros problème, ça m'attire plein d'ennuis! Si je pouvais changer de tempérament, je le ferais, tu sais? Parce que c'est pas de ma faute si j'ai un mauvais tempérament! Karine!

MARIE (E). Avant la Renaissance, on explique le tempérament mélancolique par une bile noire qui circulerait dans les veines et contaminerait le sang. On cherche donc à cerner et à extraire cette infection à la source de tous les péchés.
Parce que la mélancolie est un péché qui vous distrait de Dieu. Elle est condamnée car elle entraîne l'oisiveté et la prostration qui empêchent d'adorer Dieu. Cette adoration, chez le mélancolique, est remplacée par une « horrible extase », une « rêvasserie exaltée », un « repliement sur soi ».
Aujourd'hui, la mélancolie est condamnée, cette fois par une autre orthodoxie, comme malheur social. Le tempérament mélancolique empêche l'homme non pas de se tourner vers Dieu, cette fois, mais de coexister avec les autres dans une certaine idée du bonheur.
Pour le mélancolique, l'Autre semble toujours mieux adapté à la vie.
Ainsi, le mélancolique regarde l'Autre avec envie, avec fascination, et pourtant aussi avec un léger mépris. Parce que le mélancolique, au fond, tire de sa tristesse une vanité secrète.

MARIE (S). Je tire pas de ma tristesse une vanité secrète!

MARIE (E). Pourquoi donc le mélancolique est-il si fortement attaché à ses douleurs? Pourquoi tient-il à son chagrin beaucoup plus qu'à la vie elle-même?

Comment admet-il chez lui ce manque, souvent fatal, de *modération*?

MARIE (S), *pour elle-même.* C'est donc ben niaiseux, ça, «tire de sa tristesse une vanité secrète»…

FIGURANT *(devant l'Œil).* … Je veux dire, se sentir loin des autres, à part, avoir le poids d'être constamment troublé, subir ce perpétuel inconfort de l'esprit, être une exception, porter l'inquiétude existentielle, ce doit être encore supportable à condition d'en faire quelque chose… Quelque chose comme une œuvre, une découverte, un scénario de film… quelque chose de remarquable…
Quand je me sens vraiment au plus mal, je me console en me disant que toutes mes douleurs vont un jour être analysées dans ma biographie, que d'autres se chargeront de trouver des liens intéressants entre mes douleurs et ma création… Mais le temps passe, et j'ai toujours pas de création, pas de quoi faire une biographie… rien qui puisse me survivre… En fait, ça me dérangerait pas de mourir sans rien laisser qui me survive… en autant qu'on ferait ma biographie. Mais je sais bien qu'une biographie, ça se mérite, hein? C'est pas comme un face book. Et puis en plus, à part mon inquiétude existentielle, j'ai pas les attributs utiles pour envisager une biographie, ça m'embête beaucoup. Il y a des gens plus chanceux que moi qui ont des bons attributs pour une bonne biographie : la pauvreté, un handicap majeur, une agression en bas âge, une difficulté d'apprentissage, une sorte de dyslexie, être orphelin, ou réfugié politique, ou même simplement homosexuel, ça pourrait suffire : une particularité qui fait que ça coince, dans l'engrenage normal d'une vie. Mais moi j'ai rien de tout ça, je suis même pas gaucher, rien.
Pourtant je suis incommodé par… *(il se prend la tête)* tout ça, tout ça…, je porte, en quelque sorte, le châtiment de ma supériorité, mais sans en avoir les avantages.

Le chœur rejoint le figurant devant l'Œil. Tout le monde regarde l'œil, cherche une réponse.

FIGURANT. … C'est comme si j'avais pas le talent de mon génie. Oui, c'est ça. J'ai pas le talent de mon génie.

TOUT LE CHŒUR. Oui, c'est ça : J'ai pas le talent de mon génie !

Puis le chœur se déplace pour faire le cours de salsa.

MARIE (S). … Avec la Renaissance, les humanistes se détournent des forces obscures pour s'intéresser à la vie terrestre. On cherche un lien entre le sacré et la nature. On tente d'unifier la grâce divine et le monde sensible.

Voilà que les anges se transforment et représentent une nouvelle unité entre l'immatériel et le matériel, cette unité étant symbolisée par les pieds, qui leur permettent un rapport direct avec le sol.

Ainsi, nous pouvons affirmer que les valeurs humanistes ont ce double effet sur notre regard : la déification de l'Homme, et l'humanisation de l'Ange.

Marie (S) rejoint le cours de danse.

PROFESSEUR DE SALSA, *s'adressant au groupe.* O.K., O.K., voilà ce qu'on va faire. Les femmes vont bouger dans le sens des aiguilles d'une montre pour changer de partenaire. Voilà ce qu'il faut savoir avec la salsa : C'est l'homme qui décide quand on change de pas. Si vous êtes devant-derrière et que l'homme veut changer pour côté, ou surplace, ou rotation, c'est à l'homme d'indiquer. La main sur l'omoplate, messieurs, vous indiquez à la femme, il faut pas avoir peur de lui indiquer la direction, mais il faut pas la pousser ! Voilà ce que je veux : à 7, petite inspiration, et on indique avec la main sur l'omoplate, légère pression sur l'omoplate. Voilà autre chose : mesdames, si l'homme suit pas la musique comme il faut, si l'homme se trompe, si l'homme est complètement perdu, il faut quand même suivre l'homme. Il va finir par s'apercevoir qu'il est pas dans le bon rythme, mais laissez-le s'en rendre compte tout seul. C'est pas à l'homme de s'ajuster à la femme, O.K.? La salsa, c'est pas une danse de féminisme, O.K.?

Marie (S) se retrouve partenaire de Karine.

MARIE (E). ... Et c'est là que le règne de l'homme atteint son apogée : Il se met à écosser les pois, à rompre les tiges, à éventrer les fruits, à disséquer les animaux et enfin à déterrer les cadavres, à leur ouvrir le thorax, à leur fendre le crâne, pour voir à l'intérieur des choses. Faire l'autopsie des corps pour pouvoir peindre le Monde.

Chercher à connaître les lois qui régissent l'ordre de tout, des lois qui n'ont plus rien à voir avec Dieu, ou presque, comprendre la lumière qui donne leur forme et leur couleur aux paysages. Et alors, dans les tableaux, enfin la lumière arrive du bon côté, les montagnes s'éloignent, les corps nous ressemblent, les cours d'eau prennent vie.

Jamais on n'aura connu l'homme aussi assoiffé de comprendre, jamais on ne l'aura vu douter à ce point de son œil, son œil qu'il reconnaît maintenant merveilleusement trompé, illusionné par les voiles multiples que la Nature recèle.

La renaissance

Marie (S) et Karine dansent toujours, et Karine semble très contrariée.

MARIE (S). T'es encore fâchée?

KARINE. …

MARIE (S). Bon, t'es encore fâchée.

KARINE. …

MARIE (S). Si tu veux, tantôt, on échangera, hein?

KARINE. …

MARIE (S). Je veux dire, les rôles, on peut échanger si tu veux. Je peux faire l'homme.

KARINE. …

MARIE (S). Comme ça, tu pourras pratiquer ton rôle de femme.

KARINE. …

MARIE (S). J'ai pas vraiment de leadership masculin, ou de poigne masculine, ou de sens de la… décision, là, mais ça me dérange pas d'essayer de faire l'homme si jamais tu veux échanger, O.K.?

KARINE. …

MARIE (S). Je te l'offre. C'est comme tu veux.

KARINE. …

MARIE (S). As-tu du plaisir, là?

KARINE. …

MARIE (S). Karine?

KARINE, *impatiente.* Quoi?

MARIE (S). Est-ce que tu perçois mes efforts de réconciliation?

KARINE. Oui.

MARIE (S). Alors?

KARINE. Alors des fois ça marche pas, Marie. Des fois ça marche plus, d'être odieuse avec quelqu'un pis de faire sa *cute* après.

MARIE (S). C'est pas de ma faute, tu peux pas comprendre.

KARINE. Qu'est-ce que je peux pas comprendre?

MARIE (S). Tu peux pas me comprendre, parce que toi t'es comblée par la vie.

KARINE. Ben oui, c'est ça.

MARIE (S). T'as une belle famille, John et toi, vous avez un enfant merveilleux...

KARINE, *au bord des larmes*. À l'école ils m'ont dit que mon fils a un vide spirituel.

Temps.

MARIE (S), *pleine de compassion*. Est-ce que c'est grave, ça, un vide spirituel?

KARINE. Je sais pas mais je suis très inquiète. Il a toujours mal au ventre.

MARIE (S). Ben voyons, Karine, il faut pas t'en faire... tout le monde a ça, un vide spirituel...

Sans raison apparente, un homme éclate en sanglots bruyants et s'écrase sur le sol. Tout le monde arrête de danser, le prof arrête la musique.

HOMME EN PLEURS. Je suis désolé... excusez-moi, je suis vraiment désolé, il m'est rien arrivé, il se passe rien de spécial, c'est une affaire d'énergie, de circulation, de fluides, c'est ben mystérieux, ça m'arrive des fois, j'ai pas de peine ou rien, mais c'est en rapport avec le corps, la mémoire du corps, on m'a expliqué, c'est un peu comme quand tu te fais masser pis qu'on te touche à une place… tsé, quand on te touche à une place, pis là tu t'y attends pas pis tu te mets à pleurer comme un malade, tu dis, *my God*, reviens-en c'est juste un massage, ça fait pas mal, mais tu peux pas t'empêcher de pleurer même si tu penses à rien, je veux dire à rien de triste en particulier, tu pleures. La première fois que ça m'est arrivé, je me suis dit ça y est : je suis en train de faire un *rebirth*, j'étais content, depuis le temps que j'attendais ça pis que ça a jamais marché en thérapie, mais finalement c'était pas un *rebirth* parce que après, j'étais pas différent, j'étais pas transformé, j'étais pas allégé, j'étais juste fatigué d'avoir pleuré. Il me semble qu'on doit le savoir, quand on fait un *rebirth*? On doit s'en apercevoir, si on renaît? Hein?

Tout le monde le regarde, interloqué.

HOMME EN PLEURS. Je vais aller boire de l'eau je pense.

La danse repart aussitôt.
Un couple chum-blonde danse ensemble. Manifestement, le chum a beaucoup de difficulté.

CHUM, *qui n'y arrive pas*. Câlisse.

Temps.

BLONDE. … C'est parce que t'es à contre-temps… 1! … 5! Non, t'es en retard.

CHUM. Le prof, il a dit de pas le dire si je me trompe. Il faut pas que tu me le dises.

BLONDE. Hein?

CHUM. Il a dit que tu dois me suivre même si je me trompe, pis de pas me dire que je trompe. Tu dois me suivre, pis attendre que j'arrête de me tromper tout seul.

BLONDE. Ben là, c'est niaiseux. Si t'es pas dans le bon temps, je vais te le dire, pour nous ramener dans le bon temps... 5! Non, tu l'as pas.

CHUM. C'est pas à moi de m'ajuster.

BLONDE. Quoi?

CHUM. Il l'a dit, le prof, que c'est pas à l'homme de s'ajuster à la femme. J'adore la salsa.

BLONDE. Arrête de dire des niaiseries, Marc-André, si tu te noies, je vais pas me noyer avec toi! (*Il lui marche sur le pied.*) Ayoye! Qu'est-ce que tu fais?!

CHUM. Je t'ai indiqué! Je change de direction!

BLONDE. Tu m'as pas indiqué! Tu m'as pilé sur le pied!

CHUM. Je t'ai indiqué, mais tu parles tout le temps, tu manques d'écoute!

BLONDE. Comment tu m'as indiqué?

CHUM. Sur ton omoplate. Légère pression sur l'omoplate. Tu dois être plus attentive à ton omoplate, Josée.

BLONDE. Arrête avec ton *power trip*, c'est insupportable.

CHUM. Tais-toi un peu, s'il te plaît, je dois me concentrer, j'ai plein de décisions à prendre.

BLONDE. Marc-André, arrête!

CHUM. C'est toi qui nous as inscrits à un cours de salsa.

BLONDE. Ben, j'aime pas ça finalement, la salsa.

MARIE (S). On arrache au Monde son aspect pour le mettre dans des traités, des toiles, des cartes géographiques. L'Orient et l'Occident agissent comme miroir l'un pour l'autre, célèbrent leur part de l'autre, agissent tour à tour comme révélateur et comme révélation, la peinture transcende toutes les méfiances et tous les envahissements.

Pourtant le désenchantement s'installe doucement dans le cœur des hommes.

Le repas où Paul n'est jamais arrivé

Charles, Monique, Karine et Marie (E) sont à table. C'est une scène qui n'est pas réaliste (pas besoin de table). Je suggère même que, pendant la scène, les acteurs préparent la tombe de Paul. Nous serions alors dans deux temporalités différentes.

CHARLES. Il va arriver.

MONIQUE. Il est en retard.

CHARLES. Il va arriver.

MONIQUE. Il est quand même très en retard.

KARINE. T'inquiète pas, tu t'inquiètes toujours.

MONIQUE. D'habitude, il appelle quand il est en retard, c'est tout.

MARIE (E). Quand est-ce qu'il arrive, Paul?

CHARLES. Bientôt, ma chérie.

MONIQUE. Ça va être froid.

CHARLES. Bon, tant pis, on commence sans lui. Bon appétit.

MONIQUE. C'est déjà froid.

MARIE (E). Est-ce que je suis obligée de tout manger?

CHARLES. Mange de tout, mais mange pas tout.

MARIE (E). Ahhhh.

KARINE. Je vais te voler tes champignons, Marie !

MARIE (E). Yéééé !

CHARLES, *à Monique*. Tu manges pas ?

MONIQUE. C'est rendu tout froid.

KARINE, *à Marie*. Mmmm… des bons champignons…

CHARLES. Attends-le pas. Ça vaut pas la peine.

MONIQUE. Il est en retard de deux heures. Je comprends pas.

MARIE (E). Tu peux-tu me voler encore des champignons, Karine ?

CHARLES. Non, Marie. Tu manges tes légumes. *(À Monique :)* Attends-le pas. Il va arriver…

MARIE (E). Des champignons, c'est pas des légumes, c'est du moisi.

Karine éclate de rire.

KARINE. Mmmm… du bon moisi…

CHARLES. Bon, bon.

MONIQUE. Je comprends pas ce qu'il fait.

CHARLES. Tant pis pour lui, il sait pas ce qu'il manque. C'est très bon, ma chérie.

MONIQUE. Il savait qu'on voulait souligner le départ de Karine.

KARINE. C'est pas grave.

CHARLES, *en colère*. Ben non c'est pas grave, il y a jamais rien de grave, c'est pas grave de faire de la peine à sa mère !

KARINE. Relaxe, papa.

CHARLES. C'est ça.

KARINE. Vous viendrez à la pendaison de crémaillère, c'est tout.

MARIE (E). C'est quoi, une crémaillère?

KARINE. C'est un crochet pour une marmite.

MARIE (E). C'est quoi, une pendaison?

Paul arrive.

PAUL. Excusez-moi.

MARIE (E). Paul!

PAUL. Je suis désolé.

CHARLES. T'as tout gâché le repas.

PAUL. Je pouvais pas faire autrement.

CHARLES. Ta mère a fait un beau repas, pis toi t'es jamais arrivé.

PAUL. Merci, maman.

CHARLES. Un beau repas.

MONIQUE. C'est tout froid…

PAUL. Je sais, je suis désolé.

MONIQUE. Je me suis inquiétée. Pourquoi tu m'as pas appelée?

PAUL. Je… j'avais rien à dire.

MONIQUE. Moi, j'aurais pu te dire des choses.

MARIE (E). C'est quoi, une pendaison?

KARINE. Je veux plus parler de ça, Marie.

CHARLES. As-tu écrit une lettre au moins?

PAUL. Non, papa, j'ai pas écrit de lettre.

CHARLES. Fait que toi, t'arrives pas, t'arriveras plus jamais, pis t'as même pas écrit une lettre pour nous expliquer?

PAUL. J'aurais pas su quoi écrire.

CHARLES. C'est très ingrat pour les proches. Très ingrat.

KARINE. C'est pas de sa faute.

CHARLES. C'est ça, ça va être de notre faute, tu vas voir.

KARINE. Ça marche pas de même, papa.

CHARLES. Ben alors, il va falloir que quelqu'un m'explique comment ça marche, parce que moi je le sais plus comment ça marche, je le sais plus. Tout ce que je sais, c'est que ça marche plus, là, ça marche plus. Une petite lettre, moi, c'est tout ce que je demande. Même pas une lettre : un mot. Un petit mot. T'as pas un petit mot dans tes poches?

PAUL. Non.

CHARLES. Il y a pas un mot, caché quelque part dans la maison?

PAUL. Non.

CHARLES. Tu sais que, tout le reste de ma vie, je vais chercher un mot, une lettre, une explication?

MONIQUE. Moi, je vais me demander pourquoi tu m'as pas appelée.

KARINE. Moi, je vais avoir un fils et je vais l'appeler Paul.

MARIE (E). Moi, je vais écrire une thèse.

La mélancolie

Romain et Marie (S) sont au cimetière, devant la pierre tombale de Paul. Ils sont venus porter des fleurs.

MARIE (S). ... Je crois qu'il était mélancolique.

ROMAIN. Il faisait pas une dépression?

MARIE (S). Je préfère dire mélancolie.

ROMAIN. Pourquoi?

MARIE (S). Parce que *dépression,* je trouve que ça fait paysage. Une vallée, un creux, un fossé. Tandis que la mélancolie, ça nous concerne exclusivement, je veux dire comme terme.

ROMAIN. Je comprends.

Romain sourit à Marie. Ils se regardent et on peut croire qu'ils vont s'embrasser.

MARIE (S). ... Et un peu plus tard, est-ce qu'on va s'embrasser comme le font les autres? Comme une entente, comme un code clair et un point de non-retour? On va s'embrasser comme un pacte qui dit que dorénavant on compte l'un pour l'autre et l'un sur l'autre, que chacun devient responsable du bonheur de l'autre, et donc de son malheur par la même occasion, et qu'on va tenter en vain de préserver cette emphase ridicule de notre vision qui nous fait apparaître l'autre comme magnifique et étonnant?

ROMAIN, *amusé.* Pardon?

MARIE (S). Rien. C'est parce que j'essaie de prévoir, et ce sera pas possible, je préfère te le dire tout de suite, j'ai pas ce courage-là.

ROMAIN. C'est correct, Marie.

MARIE (S). Merci.

ROMAIN. Pas de quoi.

MARIE (S). Merci de me comprendre si rapidement.

ROMAIN. N'importe quand.

MARIE (S). Je sais pas ce que je ferais sans toi.

Temps.

ROMAIN. Alors on peut quand même compter l'un pour l'autre et l'un sur l'autre, non?

MARIE (S). Oui.

ROMAIN. T'es confortable avec ça?

MARIE (S). Oui.

ROMAIN. Ça te pose pas de problème?

MARIE (S). Non. Bien sûr que non.

ROMAIN. Alors peut-être qu'on pourra éventuellement s'embrasser, non?

MARIE (S). Pour quoi faire?

ROMAIN. Comme un pacte qui dirait qu'on compte l'un pour l'autre et l'un sur l'autre, sans pour autant devenir responsable du bonheur de l'autre, ni de son malheur par la même occasion, et que jamais on se fera piéger par cette vision ridicule et emphatique qui rend l'autre magnifique et étonnant?

MARIE (S). … Oui, à ce moment-là, oui, peut-être, c'est envisageable.

ROMAIN. Super. On avance.

MONIQUE, *à l'Œil.* C'est pas tant le manque. Je peux vivre avec le manque. Je suis habituée au regret d'avant. Paul me manque, comme d'autres aussi me manquent, comme des odeurs d'avant et des paysages d'avant, comme tout ce qui passe, comme toutes les choses d'avant dont l'absence est une morsure que je connais bien, depuis l'âge de mes premiers souvenirs. Mais c'est pas tant le manque. C'est que j'ai du mal à vivre avec l'idée qu'il a peut-être eu peur, et surtout, peut-être, qu'il a eu le temps de changer d'avis. Peut-être que, pendre son corps par le cou, c'était pas sa *dernière* volonté mais son avant-dernière, et qu'une autre volonté a surgi quand il s'y attendait le moins mais trop tard, déjà son corps était pendu par le cou, c'était trop tard pour changer d'idée, il a peut-être agité les pieds frénétiquement, cherchant un socle pour les poser, pour soulever son corps pendu, pour se dépendre, peut-être qu'il m'a appelée, peut-être qu'il a eu le temps de croire qu'on viendrait le sauver, et puis de plus y croire et de désespérer une fois de plus. Moi, c'est ça que je trouve insupportable : l'idée qu'il ait pu changer d'avis, qu'il ait eu le temps de désespérer une fois de plus.

MARIE (E). Mon frère a perdu pied, mais je ne sais toujours pas de quoi il est mort exactement. J'ai cru qu'il était mort d'être venu au monde comme un étranger au monde, j'ai cru aussi qu'il avait eu des aspirations bien plus élevées que la vie telle qu'elle se déploie au sol et malgré ses reliefs, mais comment savoir ?

Cours de salsa. Paul et Marie dansent un pas de deux qui n'a rien à voir avec la salsa, tandis que tous les autres dansent la salsa.

PAUL. T'es tellement légère, Marie !

MARIE (S). Vraiment ?

PAUL. Tu pèses rien.

MARIE (S). Je vole presque, hein ?

PAUL. Oui, tu voles presque.

MARIE (S). C'est tellement agréable, de quitter le sol.

PAUL. C'est bon comme le sommeil.

MARIE (S). Comme l'ivresse.

PAUL. Comme l'engourdissement. Ne plus rien sentir.

MARIE (S). Moi, je veux tout sentir au contraire.

PAUL. Dormir.

MARIE (S). J'ai même décidé de devenir sensuelle.

PAUL. Rêver peut-être.

MARIE (S). Tu vas voir : je vais adorer la vie !

PAUL. Couler ou s'envoler.

MARIE (S). Penses-tu que je vais y arriver ?

MARIE (E). De tout temps des hommes se sont pendus, quittant le sol dans des convulsions, comme un corps trépignant d'impatience à quitter le monde des sensations, parce qu'il y a des gens pour qui la vie est une brûlure que rien ne peut apaiser.
Bien sûr, nous les voulons souffrants pour les croire soulagés.
Mais si ce n'est pas la douleur, cette douleur qu'on veut absolument imputer aux pendus pour les comprendre, parce qu'on ne veut pas seulement les pleurer, on veut les comprendre, on veut leur donner un sens, leur supposer une délivrance, et encore éventuellement une félicité, mais si ce n'est pas la douleur, qu'est-ce que c'est alors ? *(S'adressant à Marie (S) :)* Hein ? Qu'est-ce que tu cherches exactement ?

MARIE (S). Quoi ?

MARIE (E). Qu'est-ce que tu cherches ?

MARIE(S). Je cherche à vivre avec ferveur.

MARIE (E). Ça veut dire quoi, ça, « vivre avec ferveur » ?

MARIE (S). Ça veut dire vivre en étant animé par quelque chose, quelque chose de puissant, quelque chose qui donne le sentiment de s'élever, de transcender ses besoins et ses désirs ordinaires...

MARIE (E). Donc tu cherches à vivre mieux que les autres ?

MARIE(S). C'est pas ça que j'ai dit...

MARIE (E). Et comment tu t'y prends ?

MARIE (S). En cherchant la beauté.

MARIE (E). Où ça ?

MARIE (S). Je sais pas, dans les tableaux.

MARIE (E). Bien sûr. Les tableaux.

MARIE (S). Quoi, *bien sûr, les tableaux* ?

MARIE (E). Il faut pas t'étonner d'être déprimée si tu passes ton temps à contempler l'art religieux.

MARIE (S). Moi, je trouve ça beau, l'art religieux.

MARIE (E). C'est sûr que la religion catholique, avec son cannibalisme, ses flammes, ses serpents, son chemin de croix, ses fresques peuplées de gens qui implorent et qui s'entretuent, c'est excellent pour le moral.

MARIE (S). Tais-toi, tu m'énerves.

MARIE (E). Toi aussi, tu m'énerves. Tu m'énerves avec ton bovarysme.

MARIE (S). Avec mon quoi ?

MARIE (E). Avec ta façon de croire que t'es faite pour autre chose.

MARIE (S). *Quelle* autre chose?

MARIE (E). Autre chose.

MARIE (S). J'aimerais bien savoir quelle autre chose.

MARIE (E). Comme si la vie ordinaire pouvait jamais vous contenter, jamais.

MARIE (S). Qui, nous?

MARIE (E). Vous! Toi, Paul, et tous ceux qui se sentent étrangers.

MARIE (S). C'est pas de notre faute si on se sent étrangers.

MARIE (E). Quand on est enfant, c'est normal de croire qu'on est différent. Mais plus tard, on est supposé admettre qu'on est comme les autres! Comme tous les autres!

MARIE (S). Je voudrais être n'importe qui sauf moi.

MARIE (E). C'est pas vrai : tu voudrais être tout sauf n'importe qui.

MARIE (S). Hein? Je comprends rien à ce que tu racontes! Va-t'en! Je me supporte plus! Va-t'en!

CHŒUR E, *au cours de salsa, ils dansent.*
1. C'est parce que t'es déprimée…
2. C'est normal, il y a plus d'horizon.
3. Vous avez plus d'horizon.
4. Dans notre temps, il y avait de l'horizon.
5. On voyait loin.
6. On pouvait même pas voir jusqu'où on pouvait voir, tellement c'était loin.

7. On n'avait pas peur de l'avenir.
8. C'est normal que tu sois déprimée, Marie.
9. T'es une jeune femme.
10. C'est déprimant être une jeune femme.
11. Mais il faut que tu profites.
12. Sinon tu vas regretter après.
13. Tu vas regretter, tu vas dire : Oui, bon, j'ai écrit une thèse, mais j'ai pas de job, pas de maison, pas d'enfants, pas de cause, pas d'horizon.
14. Arrête donc, tu vas la déprimer encore plus !
15. C'est intéressant, ta thèse.
16. Ben oui, c'est intéressant.
17. C'est pas que c'est pas intéressant.
18. Pour les gens que ça intéresse, c'est intéressant.
19. On peut s'intéresser à toutes sortes d'affaires.
20. Il y a pas de limite à l'intérêt.
21. Mais une thèse, c'est pas une cause.
22. Nous, on avait des causes.
23. Une cause, ça donne du sens.
24. Pis quand on s'est tannés de nos causes, on a fondé une famille.
25. Ça aussi ça donne du sens, une famille.
26. Quand t'as pas vraiment de cause, tu peux au moins fonder une famille.
27. Ça fait comme une sorte de petite cause.
28. Je te comprends d'être déprimée.
29. Tout le monde est un peu déprimé.
30. J'ai remarqué ça.
31. C'est à cause du vide spirituel.
32. Tout le monde est plein de vide spirituel.
33. Ça fait que c'est inquiétant d'exister, ça fait que le monde s'inquiète d'exister.
34. Tu vas pas faire comme Paul, hein ?
35. Tu vas pas faire comme ton frère.
36. Fais pas comme ton frère.
37. Pense à tes parents.

38. Pense à nous.
39. Paul, il a pensé à personne.
40. Il a pensé à personne.

Marie (S) écrit. Elle est épuisée et on sent qu'elle travaille à sa thèse depuis plusieurs heures. Paul apparaît.

PAUL. Ça avance?

Marie (S) continue d'écrire.

PAUL. … Est-ce que je peux t'aider?

Marie et Paul allument chacun une cigarette.

MARIE (S). Non, tu peux pas m'aider, t'es mort. T'es pas là. La vérité, c'est que t'es pas là, pis que même ton corps existe plus, à l'heure qu'il est. Non seulement tu peux pas m'aider, mais tu m'empêches d'écrire. Tu m'empêches de réfléchir comme il faut.

MARIE (E). Je… Non. Ainsi, nos recherches… nos recherches sur mon frère et les enfants… Non. Ainsi, nos recherches sur cette archéologie de l'image, à travers ce détail des pieds des anges… qu'on a cachés… Non. Qu'on a d'abord cachés, pour ensuite les révéler…

Paul regarde la fumée de sa cigarette, tandis que Marie (S) ne s'aperçoit même pas qu'elle fume. Elle répondra à Paul sans lever les yeux vers lui et sans s'arrêter de travailler.

PAUL. Tu trouves pas que la fumée adoucit?

MARIE (S). Hein?

PAUL. Tu trouves pas que la fumée adoucit?

MARIE (S). Ça adoucit quoi?

PAUL. Le monde. Ses perspectives, ses angles, son vacarme.

MARIE (S). J'en sais rien. J'essaie d'écrire.

PAUL. Sans fumée, tout est trop cru pour les yeux, alors il vaut mieux embrumer un peu les paysages... tu trouves pas ?

MARIE (S). Chhhht !

MARIE (E). Ainsi, nos recherches sur cette archéologie de l'image...

PAUL. ... Poser un voile sur le dessin du monde. Un peu de brouillard qui permet de voir la lumière, d'oublier les contours et la finitude des choses.

MARIE (E). Ainsi, nos recherches sur cette archéologie de l'image, à travers ce détail des pieds des anges...

PAUL. Une incertitude de l'image.

MARIE (E). ... à travers ce détail des pieds des anges, et de l'incertitude de leur image en peinture... Ces recherches nous auront menée à nous questionner sur le monde... non. Sur l'aspect du monde.

PAUL, *à Marie (S)*. Marie, tu m'écoutes ?

MARIE (S). Non ! Arrête de me déranger !

ROMAIN. Marie ? Ça va ?

MARIE (S). Hein ? Oui, oui.

ROMAIN. À qui tu parles ?

MARIE (S). À personne, je me relisais.

ROMAIN. Ça avance ?

MARIE (S). Pourquoi tu me demandes encore ça, Romain, *est-ce que ça avance* ?

ROMAIN. Ben, comme ça...

MARIE (S). C'est comme si tu me demandais si mes cheveux poussent! Théoriquement, oui, mes cheveux poussent, mais je les vois pas pousser, alors je peux pas vraiment le savoir, s'ils poussent! Donc, oui, j'imagine que ma thèse avance, comme j'imagine que mes cheveux poussent, mais tu vas quand même pas me poser la question toutes les demi-heures!

ROMAIN. Regarde, je vais te laisser rusher avec ta thèse pis tes cheveux, on se reparlera plus tard.

MARIE (S), *se relisant.* «... ces recherches nous aurons amenée à nous questionner sur l'aspect du monde tel qu'il est représenté, et dans quelle mesure ce monde nous est révélé au-delà de son aspect.»

MARIE (E). Je demeure sur mes gardes et je m'épuise à rien. Aujourd'hui, mes amies ont toutes un ou deux enfants, une carrière ou au moins un emploi, elles ont acheté une maison ou projettent de le faire, elles économisent, elles fêtent les anniversaires, elles décorent, elles jardinent, elles planifient des vacances, des sorties au cinéma, elles font du sport, elles cuisinent, elles suivent vaguement l'actualité, elles ont des promotions, une autre voiture, elles divorcent, elles remplissent des albums photos, elles se jettent affectueusement dans les bras des unes et des autres. Nous semblons différentes, et pourtant le temps nous dévore de la même manière.

La complication

KARINE. Quelle complication? Est-ce que c'est grave, ça, une complication?

Karine entend tout comme si le son était constamment coupé.

MÉDECIN, *femme voilée*. Ça dépend. En procédant à l'appendicectomie, nous avons découvert des lésions supplémentaires qui ont permis à l'infection de se diffuser et de créer d'autres foyers, notamment au foie…

… l'appendicite serait donc peut-être elle-même le foyer secondaire d'une infection primitive dont nous devons rapidement identifier la source…

… le drainage… les antibiotiques… attendre… nous vous donnerons des nouvelles… intervention complexe… le foie est atteint… je dois retourner en salle d'opération… non vous ne pouvez pas venir… répondrai à toutes vos questions dès que possible…

Romain et Marie (S) arrivent en courant et serrent Karine dans leurs bras. Karine les entend toujours comme si le son était régulièrement interrompu. Sonnerie de téléphone.

MARIE (S). Karine…

ROMAIN. … ça va être correct, Karine.

MARIE (S). … aussi vite qu'on a pu.

ROMAIN. Je suis certain que… bien aller.

MARIE (S). Dans combien de temps… nouvelles?

ROMAIN. … peux rien faire… l'instant.

MARIE. … te reposer… rester ici… et moi. Toi, va te reposer.

ROMAIN. … faite fort … confiance. Tu vas voir.

MARIE (S). … manger quelque chose?

ROMAIN. … pas un café?

MARIE (S). Ben… rester avec toi d'abord. T'as-tu… John?

ROMAIN. ... va arriver bientôt... toujours des vols de Toronto.

MARIE (S). Veux-tu... j'appelle les parents?... bien aller, tu vas voir.

ROMAIN. Je vais... des cafés, O.K.?

MARIE (S), *à Romain*. Romain...

ROMAIN. Quoi?

MARIE (S). Merci... amour. Merci d'être là.

Si Paul avait appelé sa mère

MONIQUE. Allô?

PAUL. Allô, maman?

MONIQUE. Allô, Paul! T'es donc ben fin de m'appeler!

PAUL. Je voulais te prévenir parce que je pourrai pas arriver à l'heure au souper.

MONIQUE. D'accord, on commencera sans toi, pas de problème.

PAUL. Je pourrai pas arriver non plus à tous les prochains soupers, ni à aucun réveillon de Noël, ni à ton anniversaire, ni au mariage de Karine, ni à la soutenance de Marie, ni à l'appendicite de Paul. J'arriverai plus.

MONIQUE. Tu vas plus jamais arriver?

PAUL. C'est ça, je vais plus jamais arriver.

MONIQUE. Alors on t'attend pas?

PAUL. Non, attendez-moi pas.

MONIQUE. Ben, c'est gentil d'appeler pour prévenir…

PAUL. C'est la moindre des choses.

MONIQUE. Mais, Paul, je voudrais savoir… est-ce que t'as eu le temps d'avoir peur ? Est-ce que t'as eu le temps d'avoir mal ? Est-ce que t'as eu le temps de changer d'avis pis d'avoir le goût que je vienne te sauver ?

Paul répond à sa mère mais on ne l'entend pas à cause de la musique de salsa.

L'Œil, *film de Monique qui repasse tout seul.* Je voulais juste te dire… je voulais te souhaiter bon courage, pour ta naissance, parce que je sais que c'est pas facile de naître. Mais c'est ça, la vie : c'est pas toujours facile.

Musique.

Épilogue

Monique, Charles et Karine se préparent à partir pour assister à la soutenance de Marie. Monique et Charles sont très agités, Karine est prête et les attend.

MONIQUE. T'as la caméra ?

CHARLES. Oui.

MONIQUE. L'appareil photo aussi ?

CHARLES. Oui.

MONIQUE. Je parle, avec la pellicule.

CHARLES. Tu veux aussi celui avec la pellicule ?

MONIQUE. Ben oui, ça fait des plus belles photos, la pellicule.

CHARLES. O.K. Tu prends les fleurs ?

MONIQUE. On les apporte ?

CHARLES. Ben oui.

MONIQUE. Le bouquet est un peu gros, ça risque de l'encombrer, non ?

CHARLES. Mais ça prend des fleurs.

MONIQUE. On pourrait lui donner les fleurs ici, après, avec le cadeau…

CHARLES. Non, non, il faut des fleurs là-bas, devant tout le monde.

KARINE, *presque pour elle-même*. Tout le monde s'en vient ici après. Ils vont tous le voir, ton gros bouquet, inquiète-toi pas.

CHARLES, *à Monique*. Ah, au fait, le traiteur a laissé un message : ce sera pas avant sept heures, sept heures et demie.

MONIQUE. Quoi ? On avait convenu six heures et demie !

CHARLES. Oui, mais c'est parce que t'as changé le menu à la dernière minute.

KARINE. T'as changé le menu ?

MONIQUE, *à Charles*. Mais là, qu'est-ce qu'on va offrir avec le champagne, à six heures et demie ?

KARINE. Pourquoi t'as changé le menu ?

MONIQUE, *à Charles*. Ils vont toutes être soûls avant que le traiteur arrive !

KARINE. Pourquoi tu me demandes de choisir le menu si t'es pour le changer après ?

MONIQUE. Je l'ai pas changé, je l'ai amélioré !

CHARLES. Bon, il faut y aller, là.

KARINE. J'en reviens pas, que t'aies changé le menu.

MONIQUE. J'appelle le taxi.

KARINE. Hein? On y va en taxi?

CHARLES. *en s'éloignant pour aller chercher le bouquet.* Laisse faire, je m'en occupe.

MONIQUE, *à Karine, sans que Charles entende.* Ton père est ben trop nerveux pour conduire...

CHARLES, *de loin.* ... Comme ça, on va pas tourner en rond pour chercher du stationnement!

MONIQUE. Euh... Karine?

KARINE. Quoi?

CHARLES, *toujours de loin.* Il y a jamais de stationnement...

KARINE, *à Monique.* Pourquoi est-ce que tu me regardes?

MONIQUE. Non, rien, c'est juste que... tu y vas comme ça?

KARINE. Bon, qu'est-ce qu'il y a, là?

MONIQUE. Rien! C'est pour toi... est-ce que t'as prévu de te changer?

KARINE. Non, j'ai pas prévu de me changer.

MONIQUE. Ah bon.

KARINE. Pourquoi tu veux que je me change?

Le cellulaire de Karine sonne, elle le cherche dans son sac.

MONIQUE. Je veux pas que tu te changes, je suis juste étonnée que tu veuilles pas te changer...

69

KARINE. Hey là, ça va faire! Vous étiez pas aussi énervés à mon mariage!

MONIQUE. Karine, je veux que ta sœur se sente valorisée. On vit dans une société qui valorise jamais les intellectuels, alors je pensais que tu pourrais te changer.

CHARLES, *surgissant avec un immense bouquet de fleurs.* O.K., les filles, le taxi s'en vient.

Karine a trouvé son cellulaire.

KARINE. Allô?... Paul? T'es où? Attends, il faut que tu parles plus fort, maman t'entend pas, là. T'es à l'école? Qu'est-ce qui se passe?... T'as mal au ventre, O.K. ... Paul, je comprends pas ce que tu dis, veux-tu me passer... Allô? Oui, madame Bérouard? Oui. ... O.K. j'arrive.

Elle raccroche.

KARINE, *à Charles et Monique.* Je pourrai pas aller voir Marie. Ils amènent Paul à l'urgence.

Romain et Marie, sur le point de partir.

MARIE (S). Va leur dire que je viendrai pas.

ROMAIN. Quoi?

MARIE (S). Tu leur dis que je viens pas.

ROMAIN. Ben voyons...

MARIE (S). J'irai pas, j'ai rien à dire, et puis ça sert à rien.

ROMAIN. Je sais que t'es nerveuse, mais niaise pas, viens-t'en. On va être en retard.

MARIE (S). Non.

ROMAIN. Arrête, Marie.

MARIE (S). Je serai pas capable.

ROMAIN. T'as travaillé assez fort pour cette maudite thèse-là, tu vas pas abandonner maintenant.

MARIE (S). Tu vois, même toi tu le dis : ma maudite thèse.

ROMAIN. Qu'est-ce qui te prend ?

MARIE (S). Elle t'a beaucoup dérangé, cette thèse... hein, mon amour ?

ROMAIN. Non...

MARIE (S). C'est toi qui as raison. J'étais orgueilleuse, je me croyais à côté de votre agitation, ou encore mieux, au-dessus, je chérissais mon incapacité à faire vos gestes, alors qu'au fond j'aurais tellement aimé savoir vous imiter.

ROMAIN. Si tu veux, on pourrait reparler de tout ça après ta soutenance.

MARIE (S). Mais je sais plus quoi soutenir...

ROMAIN. Marie...

MARIE (S). ... parce que, au fond j'aimerais faire comme Karine, et comme les autres. Peut-être que je pourrais faire comme toutes celles qui sont des femmes et qui ont déjà embrassé quelqu'un comme un pacte, je pourrais regarder les vitrines des boutiques, et regarder mon reflet dans les vitrines des boutiques, devenir plus que jamais une impression et m'y faire, m'y faire pour de bon, je pourrais aussi être à l'heure et planifier des repas, souligner mes yeux et les anniversaires, prendre un verre et des cours de salsa, aimer les autres et me jeter dans leurs bras, et peut-être un jour avoir des enfants pour que Chronos me les dévore un à un.

MARIE (E). C'est le temps, qui dévore ses enfants. Parce qu'il ne sait pas faire autrement.

Sonnerie de téléphone.

MARIE (S). Alors je demanderais à un artiste peintre de peindre mes enfants avant qu'ils soient mangés par le temps. Un tableau par enfant, que je contemplerais tous les jours. Comme ça, mes enfants me seraient révélés avec leur part invisible, avec leurs gènes dormants, peut-être que je les reconnaîtrais mieux que quand ils bougent et réclament autour de moi.

Ou bien je pourrais simplement acheter des choses à mes enfants, et alors ils seraient heureux. Je les regarderais regarder leurs choses et être heureux.

ROMAIN, *faisant allusion à la sonnerie de téléphone.* Réponds pas. On s'en va à ta soutenance.

KARINE, *d'une cabine téléphonique, le son est régulièrement interrompu.* Allô, Marie, je te laisse un message… dire que Paul a une appendicite. C'est pas grave… à temps… j'ai failli pas voir… pas comprendre. Quand il arrêtait pas de se plaindre… mal au ventre, je pensais qu'il angoissait… tu sais comment il est. Je voulais pas aller à l'hôpital, je me disais… cinq heures pour me faire dire que mon fils est stressé. La médecin m'a dit… trop longtemps pis que ça aurait pu mal tourner. Une chance que l'infirmière de l'école… John… Toronto, je lui ai dit que… train de l'opérer, là. Ça fait tellement… d'imaginer… à l'intérieur de lui… Ils sont en train… comme je pourrai jamais le voir. Dans… normalement je peux aller dans la salle de réveil… tu sais pas ce qu'il m'a dit?… qu'il avait peur de pas se reconnaître, sans son appendice… angoissé à l'idée qu'on lui enlève un morceau de lui-même, alors je lui ai expliqué que…

… promis qu'il se reconnaîtrait, après l'opération. J'espère qu'il va se reconnaître. Tu sais que… capable de pas se reconnaître ?... En tout cas je suis désolée, je pourrai pas venir, évidemment...

Je vais penser à toi... bonne ... Je... tiens au courant.

En même temps : Romain serre Marie (S) dans ses bras, Marie (S) rejoint Marie (E), s'installe, et se prépare à commencer sa soutenance. De la même manière, le son est interrompu.

MARIE (S), *en même temps que Karine*. Pour commencer... de vous remercier, mesdames et... du jury, pour votre lecture, votre... et vos remarques... exprimer ma gratitude et... tous ceux et celles... aujourd'hui, partager avec moi... de ma vie d'étudiante. Je veux dire, officiellement.

Karine raccroche le téléphone.

MARIE (E) et (S). À tous les suspendus, à tous les anges aux pieds voilés parce que le sol leur répugne, à tous les enfants de Chronos aux pensées effrayantes, à tous les désenchantés, ma thèse est pour vous parce que je ne sais pas faire autrement, je ne sais pas désirer les choses, ni les choisir, ni les acheter, ni les aimer, ni les offrir, ni les ranger. Je...

PAUL. Il faut soutenir, Marie. Il faut soutenir.

MÉDECIN, *femme voilée, au-dessus de l'Œil, comme si elle se penchait au-dessus de Paul, encore ouvert sur la table d'opération*. Il faut s'accrocher, Paul. Il faut que tu t'accroches.

MARIE (E). Ainsi, nos recherches sur cette archéologie de l'image, à travers ce détail des pieds des anges et de l'incertitude de leur présence en peinture, ces recherches, donc, nous auront menée à nous questionner sur l'aspect du monde tel qu'il est représenté, et à nous demander dans quelle mesure ce monde nous est révélé au-delà de son aspect.

MÉDECIN, *femme voilée, à l'Œil, tout en travaillant toujours à son opération.* Paul, tu m'entends ? J'ai presque fini, Paul. Il faut que tu restes avec moi, bien attentif, d'accord ? Bientôt tu vas ouvrir les yeux, mais pour l'instant, écoute. Écoute mon histoire, tu veux bien ? Elle se passe aujourd'hui, mon histoire, mais très loin d'ici, très loin de ta maison.

Dans ce pays lointain, il y a une jeune fille, très belle, avec de longs cheveux d'ébène et des yeux profonds comme la nuit. Malgré sa grande beauté, la jeune fille est malheureuse parce que, où qu'elle regarde, elle ne se reconnaît jamais.

Elle ne se reconnaît pas dans les vitrines des boutiques, où défilent des cortèges de reflets semblables au sien.

Elle ne parvient pas à distinguer sa silhouette des autres silhouettes, puisque toutes les jeunes filles du pays marchent enveloppées comme des fantômes dans leur linceul.

Elle ne se reconnaît pas non plus dans les yeux fuyants des passants qui sont pourtant ses frères.

Elle ne se reconnaît pas sur les écrans où sont projetés des films de Hollywood.

Même devant son propre miroir, elle ne se reconnaît pas. C'est difficile à imaginer, n'est-ce pas, Paul ? Le soir, quand la jeune fille se déshabille devant le miroir, elle découvre ses cheveux d'ébène et se demande à qui appartient cette chevelure. Pourtant elle croyait qu'en découvrant ses cheveux, le reste éclaterait au grand jour de la même façon : son foie, son cœur, ses os, son regard, son esprit, toutes ses pensées, mais elle ne voit rien de tout ça, rien de plus qu'une chevelure qui semble empruntée à une autre.

« À qui sont mes cheveux quand le voile tombe ? » pense-t-elle.

Pleine de doutes et de tourments, elle interroge sa grand-mère, qui lui répond :

«Ma fille, seul un grand peintre pourra te révéler à toi-même. Va voir le bon Soleiman, il pourra peut-être t'aider.»

La jeune fille se rend donc chez le peintre Soleiman.

«Pardon, monsieur, dit-elle, j'ai quelque chose à vous demander, sans vanité mais avec un urgent besoin de comprendre : je vous en prie, monsieur le peintre, pourriez-vous, s'il vous plaît, peindre mon portrait?»

Et Soleiman, à peine surpris, lui demande : «Avec, ou sans le voile?»

La jeune fille ne sait pas quoi répondre. Paul, tu es toujours là n'est-ce pas?

La jeune fille ne sait pas quoi répondre. Elle reste figée, sans voix, pétrifiée par une question aussi délicate, tu comprends?

Avec ou sans le voile? Qu'est-ce que tu en dis, toi, Paul?

Profitant de ce qu'elle demeure immobile, Soleiman se met à peindre le portrait de la jeune fille. Cela dure des heures durant lesquelles, sans s'en rendre compte, la jeune fille se laisse regarder à travers le voile.

Soleiman travaille toute la journée, et encore toute une nuit avant de montrer à la jeune fille son portrait. J'aimerais bien le voir, ce portrait, pas toi, Paul?

Quand elle le découvre, la jeune fille est prise d'un doux vertige et d'une joie qui inonde ses joues de larmes : pour la première fois de sa vie, elle se reconnaît! Tu imagines ça, Paul? La jeune fille se reconnaît dans la peinture de Soleiman!

À ses yeux, tout est là, dans le portrait : ses cheveux d'ébène, bien sûr, mais aussi son foie, son cœur, ses os, son regard, son esprit, et toutes ses pensées.

Reste avec moi, Paul, j'ai presque fini mon histoire.

Entre les mains du peintre, le voile de la jeune fille est devenu un passage pour la lumière. Un passage pour adoucir le vacarme du Monde et en révéler les secrets.

Depuis, la jeune fille ne peut plus se passer du regard de Soleiman, et ils coulent ensemble des jours heureux.

MARIE (E). … C'est dire qu'un jour, peut-être, nous allons tout revisiter d'une autre manière, nous aussi, d'un autre regard, nous encore. Ce sera la frénésie de connaître, la passion de découvrir à nouveau, une fièvre d'érudition contagieuse, ce sera une perspective nouvelle sur toutes les choses, une autre façon de voir et de représenter le monde.

PAUL. Il faut conclure, Marie.

MARIE (S). Je sais bien qu'il faut conclure…

MARIE (E). En conclusion…

MARIE (S). … mais le problème, c'est que je suis incapable de soutenir convenablement une thèse, ni quoi que ce soit, ni qui que ce soit. La preuve, mon frère s'est pendu il y a longtemps déjà.

PAUL. De quoi est mort ton frère?

MARIE (S). Il s'est pendu par le cou.

MARIE (E). À la fin…

MARIE (S). À la fin.

PAUL. Ça, c'est le moyen que j'ai pris. Ça dit pas de quoi je suis mort. On a tendance à attribuer des motifs semblables aux gestes semblables, et pourtant c'est injuste, parce que combien de gens font les mêmes gestes, tous les jours, mais chacun pour des raisons très différentes? Pourquoi est-ce que je serais semblable à tous les pendus?

MARIE (S). … je ne sais pas de quoi mon frère est mort à la fin.

MARIE (E). À la fin, toute l'incertitude qui nous accablait nous apparaîtra non plus comme une plaie, mais comme un mystère fascinant, un voile plein de promesses, nous jouirons de cette incertitude comme d'un peu de repos pour le regard, et alors l'enchantement reviendra.

MARIE (S). À la fin.

PAUL. Est-ce que Paul ouvrira les yeux, à la fin ?

MÉDECIN, *femme voilée*. Paul, est-ce que tu veux toujours mourir pour voir ce qui se passe après ? Pas besoin de te presser, on va tous y arriver, en attendant ouvre les yeux et regarde ce qui se passe ici.
Bien sûr nous nageons tous dans un lac de boue, nos gestes sont courts et pleins de vanité, c'est vrai. Mais de cette glaise et de ces convulsions incertaines naissent parfois des formes d'une beauté éblouissante. Et alors le passage du temps a meilleur goût.
Je me souviens de mots millénaires qu'on récitait à l'école, et qui me semblaient bienfaisants comme la pluie :

(Elle récite des quatrains d'Omar Khayyam.)

Qu'est-ce donc que ce Monde ? Un Séjour Provisoire
Où sans cesse le jour succède à la nuit noire.
Cent rois comme Djamschyd y vinrent tour à tour,
On y vit cent Bahram mourir en pleine gloire.

Vois l'herbe dont le ruisseau s'agrémente.
On dirait le duvet d'une lèvre charmante.
Ne pose pas tes pieds sur l'herbe avec dédain
Par là le sol était un visage d'amante.

La nuit a dans sa robe un trou de clair de lune.
Bois du vin : On n'a pas toujours cette fortune.
Sois heureux et jouis : après nous bien des fois
La lune éclairera nos tombes une à une.

MARIE (E) et (S). C'est ce que j'espère avoir démontré dans la thèse que je soumets aujourd'hui à l'appréciation du jury, et je demeure disposée à répondre à vos questions.

FIN

OUVRAGE RÉALISÉ PAR
LUC JACQUES, TYPOGRAPHE
ACHEVÉ D'IMPRIMER
EN MARS 2009
SUR LES PRESSES
DES IMPRIMERIES TRANSCONTINENTAL
POUR LE COMPTE DE
LEMÉAC ÉDITEUR, MONTRÉAL

DÉPÔT LÉGAL
1re ÉDITION : 1er TRIMESTRE 2009
(ÉD. 01 / IMP. 01)